上海教师教育丛书

知新书系

U0619682

教师培训课程设计

陈 霞 编著

上海教育出版社
SHANGHAI EDUCATIONAL
PUBLISHING HOUSE

上海教师教育丛书编委会

主　　任　李永智　尹后庆

编　　委　（以姓氏笔画为序）

王　平　　王　洋　　王　涛　　戈一萍

卞松泉　　尹后庆　　宁彦锋　　朱益民

刘　芳　　闫寒冰　　孙　鸿　　李永智

李　蔚　　杨　荣　　杨振峰　　吴　刚

吴国平　　陈小华　　陈永明　　陈宇卿

陈　军　　邵志勇　　周增为　　赵洁慧

姜　虹　　恽敏霞　　袁振国　　奚晓晶

策　　划　吴国平

总　序

　　教育改革的步伐已经进入了关注教师发展的新阶段。不是因为课程改革已陷于制度性疲倦,不是因为评价改革终将受制于社会发展的瓶颈,也不是因为我们拥有超过千万的中小幼教师队伍,每年有数十万计的青年人正在进入这个领域。课程也好,评价也罢,根本上它们都内在于教师。拥抱"教师的年代",不在于讨论有多少以教职为生计的人,而在于如何拥有师者的内在品质,值得学生效法,使自己从一名教者成长为一名真正的师者。

关注教师是国际教育改革的普遍趋势

　　制度化教育确立以来,课程长期占据着学校教育的中心地位。直到20世纪60年代,国际教育界才开始把视线转向教师。这是由于课程、教学、评价、管理这些学校层面的所有改革,最终都离不开教师。尽管半个世纪以来,教师职业到底算不算专业还存有不同的看法,但关于教师的专业化问题持续受到广泛关注。

　　中国向来具有别于西方的教育传统。中国古代教育有重教师、轻课程的传统,唯这种传统并未演化成现代意义上的教与学的机制,更未形成制度化的学校,因此循着传道授业解惑的路径发展教师素养的希冀,愿望虽好,但缺少登梯之阶,难以形成规范。近年来,随着教育国际交流的增进,尤其是上海学生在 PISA 项目中的表现,引来国际社会对中国教师组织化程度经验的关注,其中教研组和集体备课被认为是两大亮点。因为在西方,教师的教学行为被认为是从属于个人的专业行为,即便是同行也不得任意干预,可以想见,其结果便影响到授业与指导经验的传播。问题是,中国学校教研组的形式究竟以怎样的方式引导教师提升专业能力,尚缺乏充分的论证和公认的成果。理论上来说,一个组织如果确实发生了影响,既有可能是正面积极的,也有可能是负面消极的。教研组对于教师的影响,既未被证实也未被证伪,能否成为经验尚待科学论证。至于集体备课,从不久前在上海对近八千名中小学幼儿园教师所进行的问卷调研显示,面对庞杂的课程事实和众说纷纭的教师要求,一大批成长期的教师从茫然不知所措,到随波逐流;而所谓"成熟期"的教师则顾影自盼地停留在自我经验的世界中,真正知识讲授型教师则难觅踪影。教师发展的局限已成为深化课程改革的短板,这样的局面不改变,教育质量有大滑坡的风险。

教师的成熟需要积累丰富的社会实践

在汉语中,我们把师者称为"老师",一般解释其中的"老"无义,表尊敬。其实《荀子·致士》中强调了做老师有四个条件,其中一条曰"耆艾而信,可以为师"。古人把五十岁的人称为"艾",把六十岁的人称为"耆",把七十岁的人称为"老"。这或是"老师"称谓的早期由来。可见,年龄本是成为教师的一项先决的基本条件。只是在制度化教育出现以后,尤其是以分科为特征的知识传授成为学习的基本形式形成以来,这种年龄的限制才被取消。

古人为什么会对为师者设置年龄限制?是因为教师的职业属性是一名"杂家",这样的"杂家"不经过长期的、丰富的社会实践积累,是难以炼成的。在今人眼里,"杂家"似乎意味着专业程度低人一等。其实,无论是在古代中国还是在近代西方,强调的都是社会中的个体应具备多方面的才能。孔子所谓的"君子不器"不是在谈"杂家"吗?而马克思关于人的全面发展又何尝不是在谈"杂家"呢?及至当代,"把一个人在体力、智力、情绪、伦理各方面的因素综合起来,使他成为一个完善的人,这就是对教育基本目的的一个广义的界说"(《学会生存》)。这句话表明"杂家"较之于"专家"更近于"完善的人"。教师面对的是多姿多彩的学生,每个学生都有各自的阅历,他们的家庭、他们的生活、他们的所见所闻都不尽相同,每个学生都是一个完整的世界,每个学生又都是一个独特的世界。教师要想成为学生精神生活的指引者,自己必须是一个精神生活丰富的人。而精神生活丰富的基础就是有渊博的知识,不仅是专业知识,而且是与之相关的各方面的知识。

岗位成长已成为教师专业发展的共识

我们拥有成熟的师范教育体系,拥有完备的教师任职制度,是否就意味着我们拥有了优秀教师的培养机制？想要回答这一问题，须明了教师是师范院校培养的吗？教师资格认证制度是从教的当然资质吗？

教师知识与技能的习得途径主要有三种：一是书本阅读，二是课堂知识传授，三是实践体悟。前两种可以通过岗前培养与训练获得，后一种则需要在岗锻炼习得。这就意味着，一名真正合格的教师无法在职前培养中完成，亦无法依靠教师资格认证制度自然解决。这也可以解释为什么近年来相当数量的示范性高中多从综合性大学招收新任教师，是示范性高中教学要求低，还是这些学校无视教育的专业属性？答案显然不是。教师的专业性主要不在于"知"，而在于"行"，即一名教师在从教岗位上的实践、探索、体验、反省和觉悟。可以认为，教师是在岗位实践中自我型塑的，师范院校也好，综合性大学也罢，都不过是为一名教师从教所做的预判性准备。

所谓教学，不是教师从书本上把知识搬家一样送到学生面前，它必须融入教师自己的透彻理解，没有教师的透彻理解很难有学生的透彻理解，以其昏昏使人昭昭的事在教育上是难以发生的。在教师透彻理解的基础上，还必须考虑知识传授的方法。采取什么样的方法，除了教师的个人喜好外，还涉及知识的难易程度、学生的接受程度以及教学资源的承受能力等因素，取舍之间，包蕴着非常丰富的个性化知识。一名真正的优秀教师拥有丰富的个性化知识，犹如中医问诊中的察颜把脉。这种知识无法仅仅通过书本研读和知识传授获得，需要通过实践不断揣摩，从而得到一种内化了的知识。显然，它是一种非常个人化的特殊知识，需要教师在对每个学生"辨症"施教中不断积累，其习得主要依赖于教师的个人努力。由此，可以得到一条简单而又明确的结论：帮助一名从教者，使之成为一名真正的师者。可以说，帮助数以千万计的从教者，使其早日成长为师者，这是今日中国教师教育领域的一项重大课题。

助推教师成为教育的思想者、研究者、实践者和创新者

国家兴旺，教育为本；教育优先，教师为基。持续了半个世纪的教育改革浪潮把教师发展推到了历史的前台。在当代教育的历史进程中，教师不是单纯的任务执行者，而是教育的思想者、研究者、实践者和创新者。在专业发展

的路径上,教师的主体地位、精神和意识得到了时代的推崇,教师专业化发展和对教师的重新发现将对教育产生重大影响。可以说,教师问题的重要性已无须讨论,而应考虑如何实践。

新一轮课程改革呼唤着教师创造性地施行教与学的行为。吊诡的是,一大批被应试熏陶出来的青年走上讲坛,他们却被要求培养有创新能力的学生。面对变化了的教学材料和教学要求,是施教者的一脸迷茫和不知所措。英国教育家沛西·能曾说过,教师是学生学习的最大动力。问题是,迷茫中的施教者如何才能让自己成为学生学习的动力呢?

基于上述认识,由上海市师资培训中心主持,联合上海师范大学、华东师范大学以及上海教育出版社等单位,倾力研发并打造了这套"上海教师教育丛书"。本丛书由"知会书系""知新书系"和"知困书系"三部分构成,分别聚焦新教师的教学规范、校本的教师研修经验以及优秀教师的成长启示,旨在从岗位上助推有资历和创造性的教师成长,这是我们的理想和愿望。

鉴于本书系不仅是上海也是国内自改革开放以来第一次全面系统开发的教师在岗培训教材,限于能力和水平,在编写过程中尚有诸多局限和不足,乞教于方家,不吝批评指正!

上海教师教育丛书编委会
2017 年 4 月

优化培训课程　再造教师学习

2018 年 1 月,中共中央、国务院颁布的《关于全面深化新时代教师队伍建设改革的意见》指出,"教师承担着传播知识、传播思想、传播真理的历史使命,肩负着塑造灵魂、塑造生命、塑造人的时代重任,是教育发展的第一资源,是国家富强、民族振兴、人民幸福的重要基石",强调"根据基础教育改革发展需要,以实践为导向优化教师教育课程体系",以"全面提高中小学教师质量,建设一支高素质专业化的教师队伍"。

然而,当前教师培训课程在一定程度上存在着难以满足教师实践需求、难以有效支持教师学习等问题。当然,导致这些问题的原因是多方面的,但从课程设计的角度来看,设计者缺乏对教师实践需求的精准把握,缺乏对教师成长方式的科学认识,缺乏对成人学习特点的清晰认识,缺乏对当下时代特征的基本理解等导致教师培训课程难以有效吸引教师,难以为教师实际问题的解决提供坚实支持。

北美非常有影响力的培训大师与人力资源专家鲍勃·派克提出了七个非常实用的培训学习法则。[①]

一、讲师法则

讲师应该知道要教授什么,讲师不能教授连自己也没有深刻理解或实践过的知识。知识分两种类型,即智力型知识与经验型知识。相对于那些只会高谈阔论的讲师,人们更愿意向对所讲主题有实际经历的讲师学习。作为讲师,只有实际经历过所讲授的内容或事实,才能够真正兴奋起来,感染学员并带动学员的学习。英国哲学家刘易斯有句名言:"一个有经验的人永远不会任由一个只有理

---

① (美)鲍勃·派克.重构学习体验——以学员为中心的创新性培训技术[M].孙波,庞涛,胡智丰,译.南京:江苏人民出版社,2015.

论的人摆布。"

这意味着,作为一位优秀的教师培训课程设计者,你必须对所设计的课程内容有坚实的实践和丰富的经验,否则,你设计出来的课程将无法重构学员的学习。

二、学员法则

学习者必须带着兴趣去接收所呈现的教学材料。"你可以把一匹马领到河边,但你无法强迫它喝水",这句话说得很有道理,但如果我们在水里加点吸引马的味觉的东西,是不是情况就会好些呢?当学员看到有趣、有用的培训时,他们就会专注起来。当学员积极投入学习时,他们学到的可能比你预设的还要多。

这意味着,作为一位优秀的教师培训课程设计者,你必须掌握成人学习的特点,让你的课程变得有趣、有用,吸引成人积极投入学习。

三、语言法则

讲师应该尽量使用学员能够理解的语言。别再有意识或无意识地使用晦涩难懂的话语来显示自己的专家身份,没有人喜欢这样的专家。这就需要你在培训开始之前了解你的学员,了解他们的已有水平,带领他们从已知世界走向未知世界。当你非得使用学员难懂的术语时,请立即给出它们的定义。

这意味着,作为一位优秀的教师培训课程设计者,你应该尽量使用学员能够理解的语言来呈现课程内容,对于难懂的术语要给出定义。

四、课程法则

讲师所教授的内容或事实必须是自己熟知或实际经历过的,必须以学员已知的内容或事实作为基础,不能强迫学员忘记已有知识或经验。

这意味着,作为一位优秀的教师培训课程设计者,你必须把新授内容建立在学员已有知识或经验的基础上。

五、教授过程法则

教授不是直接告知学员理论或事实,而是要引导学员自主学习。只有经过自己的大脑建构出来的知识,学员才更容易接受与相信。讲师要通过营造支持性的氛围、适当引导等,让学员通过个人思考或小组讨论建构知识。

这意味着,作为一位优秀的教师培训课程设计者,在教学流程的设计上,你要注意开头、实施、结尾的设计;在教学手段与方法的选择上,你要注意体验、活动、讨论等方法的运用,给学员充分思考、讨论、实践的机会。

六、学习过程法则

行为改变,学习发生。学习者必须在实践中不断重复所学内容,才能真正领会所学内容;必须反复运用,行为才会得到改变。

这意味着,作为一位优秀的教师培训课程设计者,你不仅要向学员说明你能做什么,而且要让学员意识到自己能做什么,自己可以怎样实践所学内容。

七、复习和运用法则

实际运用,行为改变,这才是培训的结果。你一定要适时引导学员思考怎样将所学内容运用到自己的实际工作中。所学内容,一般在重复六次后,才能从短时记忆转变为长时记忆。

这意味着,作为一位优秀的教师培训课程设计者,你必须运用多样化的复习与巩固知识的方法,引导学员愉快复习。

教师培训课程设计必须"以学员为中心",必须充分调动学员的参与热情,这早已成为培训界的共识。但如何把这些理念转化为实实在在的、极具操作性的方法和技术?就目前的教师培训课程设计而言,这方面的针对性资料还不够丰富。本书以培训课程设计流程为线索,为教师培训课程设计提供了一些简单、易行的方法。

本书适合对培训课程设计感兴趣的一线教师或其他专业人员阅读。大家在阅读本书时,不应抱着旁观者的心态,而应更多思考书中的这些方法和技术怎样可以为我所用,怎样指导或改进自己的培训课程设计。

编者
上海市师资培训中心
2019 年 2 月

第十章　培训课程的制作 > 201

后记　妙,不可言 > 221

第一章
教师培训课程"速描"

「本章核心问题」

◇ 在职教师学习的特点是什么？

◇ 支持在职教师学习与发展的教师培训课程与面向青少年学生的青少年学校教育课程之间有何异同？

◇ 教师培训课程的构成要素是什么？

◇ 教师培训课程的具体开发流程是什么？

┌ **互动 1** ┐

　　请评估您目前的状态,并在相应的选项上打"✓"。

　　1. 我很清楚教师培训课程与青少年学校教育课程之间的异同。

　　A. 是　　　　　　　　　　　　B. 否

　　2. 我很清楚教师培训课程的具体开发流程。

　　A. 是　　　　　　　　　　　　B. 否

建议:

　　如果您对两道题目的回答都为"是",恭喜您,您可以跳过本章。

　　如果您对其中一道题目的回答为"是",您可以跳过本章相关小节。

　　如果您对两道题目的回答都为"否",您应该认真阅读本章。

第一节

教师学习的特征

「互动 2」

如果您非常迫切地想要认真阅读本节,那么是什么力量在推动着您呢?请在相应的选项上打"√"。

A. 求知兴趣　　　B. 任务驱动　　　C. 外界期望　　　D. 其他

一、成人学习动机

这些推动力量,我们称为学习动机。成人参与任何一种教育活动都有一种或多种学习动机的推动。综合国内外学者关于成人学习动机的研究成果,我们发现,一些最具普遍性的成人学习动机包括求知兴趣、自我实现、职业提升、调节生活、外界期望、社交需要。[①]

（一）求知兴趣

这类学习者参与学习活动主要是基于求知欲望、求知兴趣。他们参与教育活动通常是为了不断获取和更新知识、增长智慧、充实自己、避免落伍,不存在其他特定的学习目的。

（二）自我实现

这类学习者参与学习活动主要是基于自我追求,如成为某个领域或行业的佼佼者。

（三）职业提升

这类学习者参与学习活动主要是基于职业发展,如获得某种职业资格、晋升职务、提高薪酬待遇、胜任岗位工作、增加竞争能力。

（四）调节生活

这类学习者参与学习活动主要是为了逃避枯燥、乏味、沉闷、呆板、固定的生

---

① 吴雪萍,张桂莲.成人学习动机探究[J].江苏技术师范学院学报,2008(3).

活方式,逃避不如意的职业生活,在快节奏的生活中获得短暂的休息。

(五) 外界期望

这类学习者参与学习活动主要是为了顺从、满足来自外界的要求或期望,如实现上司的要求、接受权威人士或朋友的忠告、满足父母或爱人的期望、受到同伴的影响。

(六) 社交需要

这类学习者参与学习活动主要是为了结交新朋友,拓展社交圈。

「互动 3」

请回忆您入职以来所参与的在职学习活动,您当时是出于哪些需要(动机)参与的? 请您在图 1-1 的相关选项上打"√",并预估这些需要(动机)在您所有学习动机中所占的比例(说明:各项所占的比例加起来可以超过100%)。

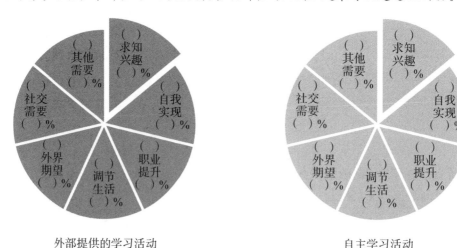

外部提供的学习活动   自主学习活动

图 1-1 相关选项

研究发现,目前成人参与学习活动主要受职业发展、外界期望等外部因素影响。他们希望在较短的时间内有效更新自己的知识结构,解决个人工作中遇到的问题,从而提升工作能力。也就是说,成人学习具有显著的实用主义特点。

二、鲍勃·派克的五条成人学习法则

美国著名人力资源培训师鲍勃·派克指出,成人培训的目的是产生结果,这个结果就是学员行为的改变。在所有的培训和学习活动中,学员才是真正的中心,培训必须"以学员为中心",必须充分调动学员的参与热情。他总结了五条成人学习法则。[①]

（一）成人是有着高大身躯的小宝宝

成人是通过经验来学习的。成人拥有丰富的经验,他们把这些经验带入教室,希望有人能够认可这些经验,从这些经验中发现和学习更多的东西。培训需要激发并利用成人的已有经验帮助其建构新的经验。

（二）成人更容易接受自己得出的结论

成人通过个人思考或小组讨论得出的结论,更容易被接受。

「**故事**」

在美国经济大萧条时期,为解决食物不足的问题,美国政府希望家庭主妇能改变饮食习惯,接受用动物内脏做食品。众所周知,美国人不吃动物内脏。

为了说服家庭主妇接受用动物内脏做食品,心理学家勒温做了一个实验。勒温把家庭主妇分为两组,一组是听课组,请著名的营养师给大家讲动物内脏的营养价值;另一组是讨论组,组织大家讨论用动物内脏做什么菜肴好吃。实验结束后,听课组只有3%的家庭主妇购买了动物内脏,而讨论组有高达32%的家庭主妇购买了动物内脏。

讨论组成功的奥秘就是让大家积极参与了,因为参与所以认同,行为改变的效果约是没有参与感的听课组的10倍。

启示:培训就是要引导学员自己去观察、发现、讨论,获得自己的体悟。

（三）学习过程越有趣,成人学习效果就越好

学习过程有趣可以激发成人学习动机,提高成人学习投入度。讲师可以通过让学员参与多样化的实践活动来调动他们的热情,使每个学员从学习活动中获得乐趣与成长。

（四）成人学习发生的标志是行为的转变

培训的结果是学员行为的转变,培训关注的不是学员知道了什么内容,而是

---

① （美）鲍勃·派克.重构学习体验——以学员为中心的创新性培训技术[M].孙波,庞涛,胡智丰,译.南京:江苏人民出版社,2015.

学员知道了这些内容后可以做什么。学员只有尝试在工作中运用学到的知识与方法，才有可能带来行为的转变。

（五）成人的能力达到最高阶段的证明是教授他人

当成人能够把自己的显性知识与隐性知识清晰表达出来并教授他人时，成人的能力达到了最高阶段。培训的目标之一就是让学员成为传播的种子，向他人传递所学内容。

┌ **互动 4** ┐

在指导他人进行教师培训课程设计方面，您当前处于哪个水平？请在相应的选项上打"√"。

A. 水平 1：我不能指导别人，而且我没有意识到我不能指导别人。

B. 水平 2：我不能指导别人，但是我知道我不能指导别人。

C. 水平 3：我能指导别人，而且我知道我能指导别人。

D. 水平 4：我能指导别人，但是我说不清楚如何进行教师培训课程设计。

E. 水平 5：我能指导别人，而且我能说清楚如何进行教师培训课程设计。

这本书的目的就是希望帮助您达到水平 5。当然，这在很大程度上取决于您的学习参与度。

三、教师学习特点

成人教育学创始人诺尔斯（Malcom Knowles）在 1968 年提出了成人学习的五大特质。作为成人，教师学习具有以下特点：

第一，自我导向。教师自己感受学习需要，总结学习经验，制订学习计划，依据计划进行学习并评价学习结果。当教师自己的学习需要不明确时，自我导向就不会发生。相对而言，青少年学生的自主性较差，需要外在的引导与督促。

第二，基于经验。教师具有一定的经验，具有较为成熟的判断能力。他们的经验有时会成为有价值的教学资源，他们是以已知求未知。相对而言，青少年学生的经验相对较少，他们是以未知求未知。

第三，问题中心。教师学习主要是为了解决自己工作实践中的问题，而不是为了系统掌握某个方面的知识。教师希望学习到的新知识和新技能能够马上应用。相对而言,青少年学生学习主要是为了系统掌握学科知识。

第四,做中学。教师是在实际的职场情境中,通过个人的实践反思、同伴间的互动交流等学会当教师的。只学习理论却没有充分实践永远也无法胜任教师工作。相对而言,青少年学生主要是以教科书为载体来进行学习的。

第五,制约较多。教师在学习的过程中需要兼顾工作和家庭。工作和家庭的压力制约着成人学习的时间和精力,使其能用于学习的时间短暂且十分零碎。相对而言,学习是青少年学生的主业。①

教师学习特点表明,虽然开阔视野、更新教学观念、掌握教学技能等都很重要,但教师明显对于立即可用的、能够直接转化为有效课堂教学实践并提高学生学习效果的培训更感兴趣。教师更喜欢基于问题解决的、以案例或课例为支撑的、以同伴互助和专业引领为基础的学习方式。

大量的培训实践研究表明,学员"能够运用的"内容,一般具有以下几个明显的特点:

第一,现实的、工具性的。即以"解决实际问题"为指向,基于教育教学实际和职业生活场景总结方法、策略、诀窍、技巧等,帮助学员准确把握操作要点和关键节点。

第二,思辨的、启发性的。即以"促进学员动脑思考"为指向,基于某一具体事实、现象去追溯其产生原因,剖析其影响因素,帮助学员形成某种思考路径,掌握思考工具使用方法,形成有效的思维方式。

第三,形象的、有趣味的。即以"激发学员学习兴趣"为指向,基于故事、游戏等,帮助学员掌握直观、感性等认知方式,进而形成某些想法、看法与做法。

第四,互动的、体验性的。即以"强化学员行动"为指向,基于某种场景设定的情境再现、游戏活动等,帮助学员通过亲身体验深化认知,积累经验。

---

①　周南昭,赵丽,任友群.教师教育改革与教师专业发展:国际视野与本土实践[M].上海:华东师范大学出版社,2007.

第二节

教师培训课程的特点

在××区青少年活动中心工作的洪老师响应单位发展需要,开发了一门面向中学生的"中国传统木工"课程。该课程以社团活动为载体,已培养了50多个"中学生小木匠",学生从"白丁"到"巧匠"的学习成长过程有目共睹。社团活动成效显著。洪老师也积累了许多课程开发经验。为了响应单位增强教师培训功能的发展需要,洪老师接受了一个艰巨的任务,要开发一门以"中国传统木工"为主题的教师培训课程。如何将一门面向中学生的课程转化为一门面向教师的培训课程? 这对于从未开发过教师培训课程的洪老师来说,是个难题。

请您在下面的横线上给洪老师写几条建议。

_____

_____

_____

一、教师培训课程的内涵

课程是指在一定教育目的指导下,经过筛选的、符合学习者年龄特点的、具有内在一致性的一系列经验。

那些没有明确目的,没有对内容进行精细筛选与组织,没有对目标达成度进行检测的活动不能称为课程。

当然,课程不等同于教材。教材是教学材料,是一种参考文本。教师的教案及其实际的课堂教学行为才是真正的实施中的课程。课程也不等同于学科课程。在学科课程之外,还有活动课程;在课程表上的显性课程之外,还有隐性课程。

总之,区分是不是课程的一个重要指标就是课程目的、内容、实施、评价之间是否具有内在一致性,而不论该课程的长短、是否具有教材等。

教师培训课程是指在一定教育目的指导下,经过筛选的、符合学习者年龄特点的、具有内在一致性的一系列经验。它主要指向一门门主题明确、目标清晰、内容富有逻辑、有目标达成度检测的课程。它的课程时长可长可短,课程形态包括面授课程、网络课程、混合课程。

二、教师培训课程的构成要素

与其他课程一样,一门完整的教师培训课程主要包括以下构成要素:(1)课程基本信息,如课程名称、课程开发者、课程类别、课程形态、适用对象、课时学分、开发背景、课程简介;(2)课程目标;(3)课程内容;(4)课程实施;(5)课程评价;(6)相关资源。如表1-1所示。

表1-1　教师培训课程的构成要素

构成要素		内容要点
课程基本信息	课程名称	简洁明了,准确表达课程名称
	课程开发者	主持课程开发工作的个人或团队
	课程类别	依据一定的分类标准指出课程归属
	课程形态	写明面授课程、网络课程、混合课程
	适用对象	指出课程具体针对的学习对象
	课时学分	依据课时计算方法指出课程时长 依据学分核算方法指出课程学分
	开发背景	指出课程旨在解决的问题、价值及课程开发者的优势
	课程简介	简明扼要地呈现学习对象、学习内容、培训形式、学习目标等
课程目标		指出通过本课程的学习,学习者能够达成的目标
课程内容		依据课程目标与学习者的需求筛选和组织起来的一系列课程内容,有的课程内容有外显的教学材料,有的课程内容没有外显的教学材料
课程实施		课程实施活动即课程实施者与学习者以课程内容为载体的授受、互动活动
课程评价		检测学习者目标达成度的活动,评估课程优势与不足的活动
相关资源		与课程学习相关的教学材料

三、教师培训课程与青少年学生学校教育课程的比较

两者的相同点主要体现在四个方面。第一,两者的构成要素大致相同,都包括课程基本信息、课程目标、课程内容、课程实施、课程评价、相关资源等。第二,两者在课程的某些要求上是一致的,两者都提倡把学习者作为表述主体来陈述学习过程与结果。第三,在多数情况下,教师培训课程是为教师更好地理解与实施青少年学生学校教育课程服务的。第四,作为课程,两者均是在一定教育目的指导下,经过筛选的、符合学习者年龄特点的、具有内在一致性的一系列经验。也就是说,课程的各构成要素之间具有内在一致性,课程目标明确,课程内容、课程实施是为实现课程目标服务的,课程评价的目的在于检测课程目标达成度。

两者的不同点主要体现在因学习对象的不同而带来的课程基点、课程目标、课程内容等的不同。成人教师学习与青少年学生学校教育的不同点如表1-2所示。

表1-2   成人教师学习与青少年学生学校教育的不同点

维度	成人教师学习	青少年学生学校教育
课程基点	问题解决,提高工作效率	长远发展,适应未来社会
课程目标	提升知识、技能、态度,针对性强	具备关键能力、必备品格,适应性强
课程内容	注重针对性、综合性	注重系统性、完整性
知识传播	被发现	被传授
教学主体	成人教师培训者	教授青少年学生的教师
学习对象	成人教师	青少年学生
实施方法	互动式参与	讲授
课程评价	注重应用能力,具有实效性	标准考试,具有基础性

由此可见,面向成人教师的培训课程具有三个特点:(1)内容的针对性;(2)效果的实效性;(3)学习过程的互动参与性。它注重引领成人教师在已有知识、经验的基础上发现知识,而不是直接灌输知识。

┌ **互动6** ┐

请在图1-2中的横线上写出教师培训课程与青少年学生学校教育课程之间的相同点与不同点。

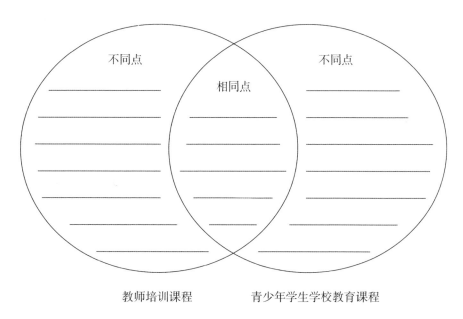

图1-2　教师培训课程与青少年学生学校教育课程之间的相同点与不同点

┌ 回到案例 ┘

　　通过对以上内容的学习,互动5中的洪老师清楚了:教师培训课程与已经开发的面向中学生的"中国传统木工"课程在构成要素上大致相同。但学习对象从中学生变为教师,教师的学习具有针对性、实用性等特点,所以,课程目标定位、课程内容选择、课程实施方式、课程评价方式等肯定会有所不同。那么,教师的学习需求是什么?如何根据教师的学习需求进行课程开发呢?

　　通过调查,洪老师发现,大多数参训教师没有关注过"中国传统木工"方面的知识。教师的需求更是多样化,有的教师想要做一个实用的木工作品,有的教师对"中国传统木工"文化感兴趣,有的教师想要在自己的学校开设与木工相关的课程。这下洪老师犯难了,教师培训课程的重点应该落在哪里呢?是木工技能的传授,是木工文化的感悟,还是课程开发的相关知识?三者的平衡点又在哪里?

　　经过反复思考,洪老师最终找准了这门课程的定位,即"中国传统木工主题课程的开发与实施"。

　　一位专家曾以记叙文写作为例,生动地说明了面向青少年学生的学校教育课程"记叙文写作指导"与面向教师的培训课程"记叙文写作教学指导"之间的差异。

　　面向青少年学生的学校教育课程"记叙文写作指导"重在让学生明白什么是记叙文,如何写好记叙文,目的是让学生掌握记叙文的特点与写作方法,能够写好一篇记叙文。面向教师的培训课程"记叙文写作教学指导"重在让教师明白记叙文写作教学的要求、重点、难点、教学指导方法等,目的是让教师学会指导学生写记叙文。前者重在指导学,后者重在指导教,目的都是为了学生更好地学。这个例子比较生动地说明了青少年学生学校教育课程与教师培训课程在课程定位上的差异。

第三节

教师培训课程的设计流程

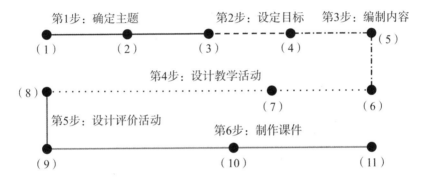

图 1-3　课程设计流程图

图 1-3 是一个课程设计流程图,请仔细思考,从下列选项中分别选出 11 个站点的名称并将名称前的字母写在横线上。

A. 细化教学流程   B. 需求分析

C. 确定内容   D. 确定主题

E. 撰写讲义或脚本   F. 搭建结构

G. 拟定标题   H. 制作幻灯片或视频

I. 撰写目标   J. 设计评价活动

K. 设计教学方法

(1)_____　　(2)_____　　(3)_____　　(4)_____

(5)_____　　(6)_____　　(7)_____　　(8)_____

(9)_____　　(10)_____　　(11)_____

(参考答案见本章末)

对于一位从未开发过教师培训课程的教师而言,从其决定开发教师培训课程到完成教师培训课程设计大致要经历如表1-3所示的流程。

表 1-3　教师培训课程设计流程

步骤	主要内容	关键要点
确定主题	需求分析	1. 掌握需求分析方法与技术,找准教师教育教学中的真问题 2. 找准这些真问题与开发者已有经验或兴趣等的结合点
	确定主题	1. 选定适切的课程主题 2. 课程主题一般要符合小、实、专、新四个标准
	拟定标题	1. 给教师培训课程拟定一个适切的标题 2. 标题最好既反映实质又新颖有趣
设定目标	撰写目标	撰写具体、适切的课程目标
编制内容	确定内容	1. 根据课程目标、开发者的经验或兴趣等确定课程内容 2. 广泛搜集与课程主题相关的素材
	搭建结构	1. 搭建课程结构 2. 编写课程大纲,按照课程的展开顺序把课程的内容、方法、时间等有机组织起来
设计教学活动	细化教学流程	在教学流程上,从开场吸引学员的注意与兴趣,到学习结束,再到学习结束后的迁移应用指导等都要尽可能做到引人入胜
	设计教学方法	运用符合教师学习特点的案例分析法、现场观摩法、游戏法、行动学习法、头脑风暴法、阅读法、小组研讨法、角色扮演法、专家指导法等多种方法,让教师尽可能参与、卷入到学习中来
设计评价活动	设计评价活动	设计针对性强、形式多样、生动活泼的评价活动,检测学习效果,促进教师学习
制作课件	撰写讲义或脚本	1. 撰写讲义,包括教学内容、教学流程、教学方法、评价活动 2. 对于网络课程而言,为提高视频拍摄质量,有必要撰写脚本
	制作幻灯片或视频	将讲义或脚本内容制作成幻灯片或视频

一位具有丰富教师培训课程开发与实施经验的教师用通俗易懂的话,概括了教师培训课程开发的关键点。

开发者要有正确的自我定位。开发者不是居高临下的指导者,不是"百科全书",而是与参训教师一起学习、互相支持、共同分享、一起成长的伙伴和同仁。

开发者要正确理解教师培训课程理念。教师培训课程理念包括基于教师已有经验或兴趣、以需求为导向、以问题解决为核心、促进对话与共享等。

申报课程开发的一线教师一般都有较丰富的教育教学研究成果或课程素材,应将这些材料在合适的主题下抽剥出来,按照课程开发的要求,重新进行排列组合。但课程开发新手在选择课程内容时,往往只会思考自己有哪些素材可以提供给学员,却很少思考学员需要什么。因此,开发者应更多思考如何给学员提供他们需要的东西。在课程开发过程中,有些教育教学研究成果虽然是精华,但若与课程主题无关,则要删掉;有些内容是学员需要的,但开发者积累的素材不够,则需要进一步补充与完善。开发者是需求提供者与引领者,而非仅仅是供给者。

无论是课程主题的确定、课程内容的呈现,还是课程讲稿的完善,其实相当程度上都在考验开发者的元认知能力和逻辑思维能力。一线教师平时不仅要有意识地储备相应的知识,收集和积累相应的素材,而且要不断训练自己的元认知能力和逻辑思维能力。

——上海市长宁区教育学院教研员　季晓军

另一位具有丰富教师培训课程开发经验的一线教师指出了教师培训课程开发的四个关键点。

第一,课程具有现实意义。课程是符合教师需求的,在目前的培训课程体系中是缺少的、空白的。做到不重复,不为开课而开课。

第二,课程理论基础牢固,对现实的指导性强。好的课程一定是既深深扎根于理论体系之中,又扎实支撑教师工作实践的课程。参训教师通过课程学习"有思有感有悟",进而指导自己的工作和生活。

第三,课程设计符合教师的心理特点和学习能力。教师培训课程的学习者是中小学及幼儿园教师。因此,课程的内容和形式要符合教师的心理特点和学习能力,既不要太深也不要太浅,有推进,有提升。

第四,课程开发要重视学员的主观能动性。教师培训课程的学习者是教师,而且是一群具有丰富教学和培训经验的教师。因此,课程开发要重视学员的主观能动性。邀请学员一起参与课程开发,既能提升学员的兴趣、参与度,也能达到"助人自助"的目的。

——上海市虹口区教师进修学院教研员　王红丽

┌ **互动 8** ┐

如何从无到有开发出一门教师培训课程

洪老师"中国传统木工主题课程的开发与实施"的成功激发了其他有经验的教师开发教师培训课程的兴趣与信心。常老师就是这样一位富有自我挑战与探究精神的教师。作为《品德与社会》学科的一位资深教师,她富有教学经验,也深知大多数教师的教学现状与普遍存在的教学问题。她希望通过分享自己的经验去帮助同行解决问题。

把自己的经验课程化,对常老师来说是个挑战。常老师通过学习知道了教师培训课程的构成要素与特点,但她依然不清楚如何从零开始,一步步开发出一门教师培训课程。

请结合自身经验,为常老师提供一个较为完整的教师培训课程开发流程图并绘制在图 1-4 中。

图 1-4　教师培训课程开发流程图

┌ **互动 7 参考答案** ┐

(1) <u>B</u> (2) <u>D</u> (3) <u>G</u> (4) <u>I</u> (5) <u>C</u> (6) <u>F</u> (7) <u>A</u> (8) <u>K</u> (9) <u>J</u> (10) <u>E</u> (11) <u>H</u>

需要说明的是,参考答案中的顺序仅是一种建议。各个站点之间没有严格的先后顺序,个别步骤甚至可以同时进行。

第二章
教师培训课程"透视"

┌ **本章核心问题** ┐

◇ 有关教师培训课程的政策发展轨迹是什么？
◇ 当前教师培训课程的建设取向是什么？

一门好的教师培训课程要做到资源丰富、好玩有趣、专业、简单易学、言之有物、学员导向、权威、吸引人、案例丰富、满足需求、领先、体验活动丰富、注重应用、内容科学、富有创意、有实效、学员参与度高、形式新颖、界面友好。

1. 请对上述词语进行分类。

内容线(与课程内容有关):_____

_____

形式线(与呈现形式有关):_____

_____

2. 请用视觉化的方式(手绘图、照片、模型等)直观形象地总结上述词语传递出的教师培训课程的特点。

(参考答案见本章末)

第一节

教师培训课程的发展轨迹

回顾上海市自 1986 年以来的教师培训课程政策,有四个趋势比较明显:在课程的功能定位上,从以学历补偿与学历提升为主走向以教师实践能力提升为主;在课程的内容安排上,逐渐走向结构化、体系化;在课程的建设规范上,逐渐形成分层、分类、分级、分科的《课程标准》;在课程的基本理念上,逐渐从"教"走向"学"。

一、课程功能从以学历补偿与学历提升为主走向以教师实践能力提升为主

"七五"时期(1986 年至 1990 年),有关教师培训进修的地方行政法规《上海市中小学教师进修规定》的正式签发,标志着上海市中小学教师在职培训走向了法制化。《上海市中小学教师进修规定》中明确提出"市教育行政主管部门制订各级教师进修的教学计划和课程纲要,组织编写教材"。教师培训课程概念开始进入教育理论研究者视野。

"八五"时期(1991 年至 1995 年)、"九五"时期(1996 年至 2000 年),教师在职培训以学历补偿与学历提升教育为主,教师培训课程资源以学历补偿与学历提升课程资源为主。

"十五"时期(2001 年至 2005 年),随着新一轮基础教育改革的推进以及上海市基础教育课程改革的实施,教师培训开始进入后学历时代,培训重点转移到提升教师实施素质教育的专业能力上来。2004 年 9 月,教育部正式下发了《关于加快推进全国教师教育网络联盟计划组织实施新一轮中小学教师全员培训的意见》,提出积极研究开发具有针对性、实用性和多样化的优质教师培训课程资源,形成集多种呈现方式于一体的教师学历和非学历培训课程资源"超市",促进教师专业能力的提升。

"十一五"时期(2006 年至 2010 年),上海市教育委员会印发了《上海市基础教育教师队伍建设"十一五"规划纲要》,要求"以教师发展为本,以教师的有效学习为中心",不仅重视教师学历的普遍提升,而且重视教师专业自觉的形成与实践能力的提升。

"十二五"时期(2011 年至 2015 年)以来,上海的教师队伍建设聚焦三个"转变",即从注重分数转变为注重学生发展,从注重教师如何教好转变为注重学生如何学好,从注重单一的让教师站稳课堂转变为注重以育人为本的教师专业素养与专业境界的提升。

政策的演进折射出教师培训课程的功能从以学历补偿与学历提升为主走向以教师实践能力提升为主。

二、课程内容逐渐走向结构化、体系化

2007 年,上海市教育委员会印发的《上海市基础教育教师队伍建设"十一五"规划纲要》中,提出了具体的教师培训课程结构建议,形成了《上海市中小学教师继续教育的内容框架》,其内容涵盖"本体性知识""条件性知识""实践性知识""文化底蕴类知识""教育研究"五个层面的知识。每个层面的知识又由若干个领域的知识构成,每个领域的知识又分若干主题或门类。其中,"实践性知识"课程结构如图 2-1 所示。

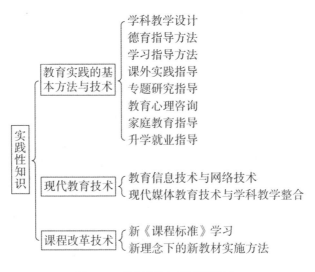

图 2-1 "实践性知识"课程结构

——摘自原上海市教师教育工作办公室组织开展的"上海市教师教育优质课程资源共建共享学分互认的研究"。

"十二五"时期(2011 年至 2015 年)以来,上海市进一步将教师培训课程的类型确定为师德与素养、知识与技能、实践体验类、个性化自主学习四类。有学

者曾给出一种课程内容框架建议,如表2-1所示。

表 2-1 一种课程内容框架建议

课程类型	学习领域	模块/专题(建议)	具体课程示例
师德与素养	师德修养	教师专业精神与职业道德;教育政策法规;教师人格修养;教师礼仪与沟通	教师的礼仪修养
	通识素养	哲学;人文;科技;艺术 【专题】 国际理解与交往;国学精粹;西方哲学思潮;海派文化等	《易经》的智慧
	身心健康	身心保健	教师心理健康成长
知识与技能	学科知识	《课程标准》与教材研读;学科知识更新;学科体系、思想与方法研究;课程资源开发;学科教学专题研讨	"新教材·新理念·新课堂"部编教材同步教学实践研究
	教育知识	学习科学;学生发展心理学;德育理论;课程与教学论;教育评价;教师专业发展;中外教育发展 【专题】 学生发展问题研究;特殊儿童发展问题研究;当代教育改革热点研究等	课程与教学;特殊需求及"全纳教育"的教学方法
	教育教学技能	育德能力;教学基本功与艺术;幼儿保教基本功与艺术;学生学习与发展指导;幼儿活动指导;现代教育技术;教育测量与评价;教育领导技能 【专题】 班主任工作研究;特殊教育技能研究;研究性/探究性课程设计;校本教研制度建设等	幼儿园班务工作
	教育研究	教育研究方法 【专题】 教育行动研究;教育专题研究;课题研究等	学习教育科研基础知识与方法;学会研究学生
实践体验类	教学实践体验	【专题】 教学设计;课堂观察与诊断;教学实践反思;学生问题诊断与矫正;学生综合素质评定;试卷编制与质量分析;研究性学习指导;教育创新实践体验;教育技术整合运用;校(园)本课程开发等	小学唱游课中律动体验活动的设计;初中物理探究类实验教学的设计

（续表）

课程类型	学习领域	模块/专题(建议)	具体课程示例
实践体验类	育德与班级管理	【专题】 德育的学科渗透;班级建设;个别教育;团队活动指导等	选班委会
	教科研	【专题】 教研活动;课题研究;教育教学成果总结与提炼等	有效开展物理教研活动的策略
	专业发展	【专题】 规划个人专业发展;引领其他教师专业发展等	教师心理学之教师职业规划
个性化自主学习	自主学习与项目学习	个性化自主学习的内容由教师自主选择,主要途径包括自主研读文献、发表研究成果、省内外进修、访学、讲学、交流、自主拜师学艺、重要项目策划与实施等	

三、《课程标准》逐渐走向分层、分类、分级、分科

为规范教师培训课程建设,"十一五"时期(2006 年至 2010 年),上海市研究了不同类型课程的建设要求及建设标准。如《上海市新农村教师学科专业发展培训项目课程建设要求》把培训课程分为讲座课程、面授课程、网络课程三类,明确了各类课程的总体建设要求,并从基本信息、内容设计、教学过程设计、学习评价设计、教师资质五个方面对课程内容提出了具体要求。它不仅关注课程的内容要求与形式要求,还关注学员的学习理念。以网络课程的《课程标准》为例进行说明。

（一）课程建设总体要求

网络课程针对的是课改背景下的学科教学策略和方法类课程,所建课程的总体要求包括四个方面。

内容要求:关注课改背景下的学科教学方式、学科教学理念、学科评价理念、实践应用策略和方法,探讨学科教学规律,构建理念与实践之间的桥梁,帮助教师提升实践智慧;深层理解并掌握课堂教学评价策略。

整体风格:主题类的小模块课程,聚焦实践方法而非教育理论,不求系统全

面,但求适用有效,以提高中小学教师实践智慧为目的,通过讲座开办、案例研讨、角色扮演、实验探究、资源解读等形式,帮助教师深层理解并掌握教学评价策略。

多元评价:以过程性评价为主,以终结性评价为辅,标准化测验和绩效作业结合,在课程内容和教学活动设计过程中应该兼顾评价设计,达到以评促学的目的。

单课容量:建设 1 学分的课程,每门课程的讲解时间不少于 6 个课时,学员的平均学习时间(即达到既定教学目标的时间)在 10 个课时至 20 个课时之间。

(二)《课程标准》具体内容

维度 1:课程内容

说明:课程内容分为两部分:一是课程基本信息;二是课程教学内容。表2-2 分别对这两部分的设计细节进行说明。

表 2-2 课程内容

编号	项目	依 据
1.1	课程基本信息	提供课程基本信息,帮助学习者了解课程情况: (1)课程导学 分析课程特点,提供整体意义上的学习建议,如学习时间、学习方法、学习形式、学习条件 (2)学习目标 更多站在学习者的角度考虑,帮助他们了解本课程学习之后可以达到的认知或实践状态,为他们把握学习节奏、开展自我评价提供重要依据 (3)课程简介 给出内容框架,简单描述主要学习内容,点明重难点;简要、准确描述该课程的特色;说明本课程对于特定学科、特定学段教师在适应课程改革需要或个人专业发展等方面的意义 (4)教师简介 介绍主讲该课程的教师情况,增加教师的亲和力,为营造良好的学习气氛打好基础 (5)学习评估 具体介绍该课程的考核要求、评估方式、评估时间等 (6)参考资料 为培训对象指定参考书目或提供阅读材料,以加深学习者对教学内容的理解,便于学有余力的学习者进行拓展学习

（续表）

编号	项目	依　　　据
1.2	课程教学内容	（1）内容定位 课程内容应根据当前教学实践中的问题进行设计，能够满足一线教师的需要，而不仅仅是理论性的泛泛而谈 （2）内容深度 内容深度与课程各项目标相适应，重点明确，主次得当 （3）内容分块 内容逐级划分为合适的学习单元或模块，从页面上即可看到清晰的逻辑结构 （4）内容规范 文字、符号、单位和公式等符合相关的国家标准，如出版物标准、学科专业标准 （5）拓展材料 提供与课程内容相关的有学习价值的外部资源链接或资料 （6）引用说明 对引用的素材或资料要有明确的说明

维度 2：教学设计

说明：教学设计良好，教学功能完整，在学习目标、教学过程、教学方法、学习评估等方面设计合理，能促成有效学习。表 2-3 是对教学设计的具体说明。

表 2-3　教学设计

编号	项目	依　　　据
2.1	学习活动	（1）为学习者提供有意义的交流或协作机会 安排一定数量的讨论，讨论主题要具有讨论价值和开放性且与教学内容高度相关 （2）学习者作业互评或基于任务的协作 对讨论、互评或协作的方式、程序、结果等要有明确的说明
2.2	学习指导	通过具体到单元(如章、讲)的学习目标与学习建议，帮助学习者自主学习或合作学习，提高学习成效： （1）内容概要 各单元均提供内容概要或学习目标，学习者可以从中了解学习该单元的意义 （2）帮助信息 说明网络课程的使用方法、各个模块及其功能 （3）学习节奏 对课程内容的讲解渗透着主讲教师的教法安排，详略得当，而非书面教材的电子化

（续表）

编号	项目	依　据
2.3	过程吸引力	用适当的方法与多媒体形式吸引学习者的注意力,激发、维持学习动机和兴趣: （1）方法适当性 采用三种以上的方法传递教学信息,这些方法包括阅读文字材料、口头讲授、演示、实验、案例学习、实例演示、探究学习、问题学习、模仿与游戏、资源学习等,所采用的教学方法应适合学习对象与学习内容 （2）多媒体形式适当性 利用三种以上的多媒体形式传递教学信息,这些多媒体形式包括图表、图片、音频、视频、动画等,与课程内容无关的多媒体素材不属于此列,所采用的多媒体形式应适合学习对象与学习内容
2.4	评价反馈	评价设计时倾向于绩效化的考核方式,要结合教师的教学实践进行设计,旨在考核教师对教学内容的领悟程度与教学实施能力(如设计教案、学生作业、活动项目、实验、作业评价表的能力),为相关评价内容提供评价要点

维度 3:技术要求

说明:界面风格统一,简洁美观;导航清晰明了,易于操作和使用。表 2-4 是对技术要求的具体说明。

表 2-4　技术要求

编号	项目	依　据
3.1	界面风格	界面风格统一,简明友好,可根据以下细节进行判断: （1）界面印象 简洁美观,第一印象良好 （2）界面风格 提供统一的背景(仅针对网页背景)、导航栏、标题风格和通用布局等 （3）配色方案 配色方案大方合理、基调一致、个性鲜明 （4）构图设计 构图布局合理,包括网络课程的基本元素,如网络课程名称、网络课程标识、网络课程设计者及制作者 （5）语言风格 语言风格一致,术语统一 （6）清晰度 文字、图片等大小合适,颜色对比适当,在 800×600 分辨率下清晰易辨 （7）多媒体内容呈现效果 文字美观大方,音频清晰,视频动画等界面显示清晰、播放声音清晰

（续表）

编号	项目	依 据
3.2	导航设计	学习者轻松找到导航路径,自由访问课程的各个模块,并能确认自己当前的位置,可根据以下细节进行判断: （1）结构 结构设计合理,主页有标记清晰的内容目录 （2）路径 主要路径清晰,如上一步、下一步、回到主页等路径清晰 （3）链接 链接描述正确、操作有效,学习者在打开链接前能知道所指向的主题内容 （4）标题 各页面的标题有意义 （5）定位 有明确的定位标记,标明学习者在整个课程中所处的位置
3.3	规范性	（1）符合 Scorm 标准 能够切换到任何符合 Scorm 标准的教学平台 （2）网络课程运行可靠 相关多媒体符合网络传输要求 （3）提供灵活并有意义的学习者控制服务 学习者可以根据自己的需要选择学习内容,灵活地在屏屏之间、页页之间、节节之间切换

——参见上海市新农村教师专业发展培训项目工作小组牵头研制的《上海市新农村教师学科专业发展培训项目课程建设要求》文本。

"十二五"时期(2011 年至 2015 年),基于"学分银行"的教师继续教育管理平台正式启动。为了规范"十二五"教师培训共享课程的开发与管理,上海市第一次在市级文件中明确了文本类课程、音视频类课程、多媒体课件、网络课程、实践体验类课程的评审参考标准。为了能给教师提供多层面、可选择、高质量的培训课程,上海市整合多方专业机构开展了教师继续教育课程方案、教师培训大纲、中学高级教师培训大纲的研制工作,由此开启了标准引领下的上海市教师培训课程专业化之路。语文学科教师培训内容如表 2-5 所示。

表 2-5 语文学科教师培训内容

课程板块一 师德与素养(12 学分)
课程焦点 1.职业态度、信念、价值观 课程焦点 2.学科立德树人意识与能力 课程焦点 3.科学与人文素养

（续表）

三级教师 课程主题举要	二级教师 课程主题举要	一级教师 课程主题举要	高级教师 课程主题举要
当代教师的责任与使命	教师专业标准与语文教师的素养要求	语文课程改革与语文教师面临的挑战和任务	优秀语文教师的职业境界与追求
优秀语文教师访谈录	优秀语文教师教学特点与教学风格剖析	学习型、研究型语文教师的专业发展	汉语言文学大家教育思想研究
语文学科的立德树人功能	语文学科中的立德树人资源	语文学科立德树人的学段特点与分阶段目标	语文学科立德树人的分阶段实施与探究
科学、人文与艺术的历史回顾	语文教师的人文与科学素养	语文课程工具性与人文性的统一	汉语文学名著与经典研读
课程板块二　知识与技能（14学分）			
课程焦点 4.课程与教学理论 课程焦点 5.学科内容知识 课程焦点 6.《课程标准》、教材与课堂实践 课程焦点 7.信息技术的利用与整合			
三级教师 课程主题举要	二级教师 课程主题举要	一级教师 课程主题举要	高级教师 课程主题举要
课程与教学基本原理	学习心理学与教学策略	建构主义与研究性学习	学习共同体与个性化教学研究
选学： 语文教材中的诗歌散文研读与讨论；语文教材中的小说和戏剧研读与讨论；新闻和传记名作选读与讨论；大众媒体时代的文学批评；语法、修辞、逻辑知识精讲；语言文字规范化与应用文写作专题；演讲与辩论基础；文化论著选读；中文的危机与机遇	选学： 语文教材中的诗歌散文研读与讨论；语文教材中的小说和戏剧研读与讨论；新闻和传记名作选读与讨论；大众媒体时代的文学批评；语法、修辞、逻辑知识精讲；语言文字规范化与应用文写作专题；演讲与辩论基础；文化论著选读；中文的危机与机遇	选学： 语文教材中的诗歌散文研读与讨论；语文教材中的小说和戏剧研读与讨论；新闻和传记名作选读与讨论；大众媒体时代的文学批评；语法、修辞、逻辑知识精讲；语言文字规范化与应用文写作专题；演讲与辩论基础；文化论著选读；中文的危机与机遇	选学： 语文教材中的诗歌散文研读与讨论；语文教材中的小说和戏剧研读与讨论；新闻和传记名作选读与讨论；大众媒体时代的文学批评；语法、修辞、逻辑知识精讲；语言文字规范化与应用文写作专题；演讲与辩论基础；文化论著选读；中文的危机与机遇

（续表）

三级教师 课程主题举要	二级教师 课程主题举要	一级教师 课程主题举要	高级教师 课程主题举要
语文《课程标准》解读	语文《课程标准》与语文教材知识结构分析	语文《课程标准》与教师教学执行力	中学教材中的批判性话语分析
规范教案的撰写要求	语文课堂教学设计及案例分析	语文课堂教学三维目标达成路径及"好课"的特征	语文教学流派及语文教师特色、风格的形成
语文教学课件制作的基本要求	配合教学策略的语文课件制作技术	配合学生探究性学习的语文课件制作与互联网资源利用	现代信息技术与语文教育的整合研究

课程板块三　实践体验(10学分)
课程焦点 8.观课、说课与评课 课程焦点 9.语文课堂教学策略 课程焦点 10.语文教学研究基础

三级教师 课程主题举要	二级教师 课程主题举要	一级教师 课程主题举要	高级教师 课程主题举要
语文课堂教学技能基础	语文课堂教学观察要点	典型语文课例评析	优秀语文课例展示与评论
语文课堂教学基本策略	古诗文教学策略	阅读教学策略	新媒体时代的语文教学策略研究
作为教育形式的作业布置与批改	学生课外阅读分层指导策略	写作教学和写作指导策略	阅读和写作教学案例的形成与分析
问卷和访谈的设计与实施	语文课题研究与论文写作指导	某校(或区)语文教育情况调研与应用	语文教育的测量与评估

课程板块四　高级教师个性化自主学习(18学分)
课程焦点 11.语文教育研究 课程焦点 12.语文课程资源建设 课程焦点 13.学生拓展性学习指导 课程焦点 14.语文教师团队建设

（续表）

课程主题举要
文献研究中网络资源的运用
自主学习理论在语文教育和教师专业发展中的作用
目标分类法在语文教学和科研中的应用
语文校本课程资源建设
学生诗歌散文朗诵会的策划与指导
学生文学社团指导
教师读书会的策划与组织
语文教师团队建设规划与方案

——摘自上海市教师专业发展工程领导小组办公室牵头研制的《上海市"十二五"中小学（幼儿园）教师培训大纲》。

四、课程理念逐渐从"教"走向"学"

自"十一五"时期（2006年至2010年）以来，上海市教师培训课程建设就形成了以教师发展为本、以教师的有效学习为中心的基本理念。教师的有效学习即高质量的学习，是有充分意义的、有充分效果的、符合学习规律的学习。它主要体现在四个方面：（1）教师的自主学习；（2）基于教师不同经验和发展需要的个性化学习；（3）激发浓厚学习兴趣的有效学习；（4）体现优化的教师学习文化的其他学习。

┌ **互动2** ┐

请在图2-2所示的教师培训课程政策发展轨迹图中填写课程发展的走向。

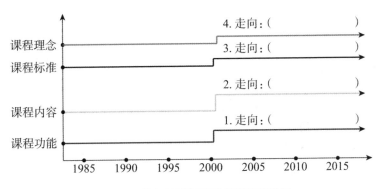

图2-2 教师培训课程政策发展轨迹图

（参考答案见本章末）

第二节

教师培训课程的当下取向

传统的教师培训课程不乏负重前行型与难受无聊型，随着对教师学习的关注与研究的深入，业界人士日益认识到教师培训课程的内容与呈现形式都很重要。

一、传统教师培训课程的典型问题

传统教师培训课程的典型问题是以教为中心而不是以学为中心，具体表现在以下几个方面：在目标定位上，重知识传授，轻实践能力培养；在内容编制上，重知识本身的结构，轻学习者的认知结构；在实施方式上，重单向传递，轻互动、体验与实践；在实施样态上，重面授课程，轻网络课程；在学习组织上，重集体学习，轻个性化指导；在评价方式上，重结果性评价，轻过程性评价。

（一）重知识传授，轻实践能力培养

传统教师培训课程或传递新的教育改革政策和要求，或推广实践探索经验，或按照有关学历教育要求为有学历补偿或学历提升需要的教师提供相应课程。这些课程多以系统传授知识为目的，对教师教育教学实际问题的关注不够，不能真正提升教师的实践能力。

（二）重知识本身的结构，轻学习者的认知结构

传统教师培训课程比较重视所选择知识的内在逻辑结构，但在教师培训课程的组织与实施过程中，对教师学习心理特点的关注不够。以往的教师培训课程，无论是结构松散的短期课程"拼盘"，还是结构严谨的学术专著型课程，相对而言，都更关注课程内容的科学性与系统性，对如何将这些内容以教师喜闻乐见的方式予以组织与实施则重视不够。

（三）重单向传递，轻互动、体验与实践

传统教师培训课程在实施方式上以培训者"一言堂"的单向传递为主，较少深入考虑教师的学习心理特点与已有学习经验，把学员视为"容器"而进行独白式教学。研究发现，被培训者更喜欢基于问题解决的、理论学习与实践应用相结合的、理论讲解与案例分析和现场演示相结合的、个人学习与社群学习相结合

的、输入与输出相结合的学习。

（四）重面授课程，轻网络课程

传统教师培训课程多是面授课程，而基于互联网、移动终端的网络课程较少。因此，在学习时空上，以面对面的学习为主，基于互联网、移动终端开展的随时、随地、随处的学习不够普遍。

（五）重集体学习，轻个性化指导

传统教师培训课程以"大一统"培训为主，对学员的个性化学习需求关注不够。

（六）重结果性评价，轻过程性评价

传统教师培训课程重视培训结束时以培训效果测评为主的结果性评价，而对学习过程中以记录、巩固、改进教师学习为主的过程性评价重视不够。

二、当下教师培训课程的核心取向

当下教师培训课程的核心取向是以学习者及其学习为中心，具体表现在以下几个方面：在目标定位上，以帮助教师解决实际问题为主；在内容编制上，兼顾知识本身的结构与学习者的认知结构；在实施方式上，注重教师的参与、互动、体验与实践；在实施样态上，注重网络课程的开发与建设；在学习组织上，注重团队学习与个性化指导；在评价方式上，兼顾教师学习的过程与结果。

（一）以帮助教师解决实际问题为主

教师具有"实用主义"的学习特点，对那些在实践中立即可用、能够解决问题的学习内容更感兴趣。教师培训课程应该找准教师的实践需求，帮助教师提升解决实际问题的能力。

（二）兼顾知识本身的结构与学习者的认知结构

如果没有学习者积极主动参与，没有学习者智慧无私付出，深度学习就无法真正实现。因此，教师培训课程应把学习者视为学习主体，考虑学习者的学习特点，巧妙处理好知识与学习方式之间的关系。

（三）注重教师的参与、互动、体验与实践

教师培养课程应调动教师学习的积极性与主动性，让教师在充分的参与、互动、体验与实践中建构新知识，实现深度学习。

（四）注重网络课程的开发与建设

在"互联网＋"时代，基于互联网、移动终端的碎片化学习已成为人们生活的一部分。教师培训课程应顺应时代的发展要求,加强网络课程(尤其是微课)的开发与建设,支持教师泛在学习。

(五) 注重团队学习与个性化指导

社会建构主义理论认为,学习即群体对意义进行协商与建构的过程。通过群体间的互动、分享与对话,意义得以建构,学习得以发生。教师培训课程应该为同伴学习、团队学习提供空间与支持,加强对学员个性需求的指导,这样才能更好发挥支持、服务学员学习与发展的功能。

(六) 兼顾教师学习的过程与结果

教师培训课程的学习评价可分终结性评价和过程性评价两类。终结性评价注重学习结果,以结业考试、问卷反馈等为主;过程性评价注重学习者在学习过程中的参与、互动、体验与实践等,以前测、讨论发表观点、测试、阶段性作业等为主。两类评价各占一定权重。无论哪类评价,培训者均应提供具体的可操作的教师学习表现、学习过程、学习成效评价标准,使评价发挥先于教学、导引教学的作用。

「互动 3」

请把不合适的选项划掉。

1. 传统教师培训课程最本质的问题是

A. 以单向传递为主　　　　　　　B. 以教为中心

2. 当下教师培训课程最核心的取向是

A. 注重教师的参与、互动、体验与实践　　B. 以学为中心

3. "互联网+"背景下必须加强

A. 面授课程建设　　　　　　　B. 网络课程建设

三、教师培训课程要素标准

在第一章中提到,一门完整的教师培训课程主要包括以下构成要素:(1)课程基本信息,如课程名称、课程开发者、课程类别、课程形态、适用对象、课时学分、开发背景、课程简介;(2)课程目标;(3)课程内容;(4)课程实施;(5)课程评价;(6)相关资源。表2-6是一种课程要素标准建议,供参考。

表 2-6 一种课程要素标准建议

构成要素		标准要点
课程基本信息	课程名称	与国家课改保持一致,与课程内容相符,表述简洁、明了、准确
	课程开发者	主讲教师关键信息明了,配备一定数量的助理教师(依据选课情况,基于网络互动型课程每 100 个学习者至少安排 1 位助理教师,基于面授互动型课程每 50 个学习者至少安排 1 位助理教师,为学习者提供学术支持)
	课程类别	有政策依据,归属准确,与课程内容一致,表述明确且适切
	课程形态 面授课程	1. 面授课程是网络课程不可取代的,如果面授课程的预定目标通过网络课程的学习完全可以达成,不建议开设面授课程;凡是面授课程必定是需要现场互动、实践操作等才能达成预定目标的课程 2. 有支持学习者参与、互动、体验与实践的多种形式的学习活动,为学习者提供多样化的学习资源,支持个人自主学习,有相应的自主学习指导,注重对学员学习过程进行评价 3. 借助互联网、移动终端促进学员管理、沟通、交流与学习 4. 体现出学员是课程的建设者的思想,尊重学员的已有经验,注重学员的自主实践与建构,把学员的经验与学习成果视为课程资源的一部分 5. 过程性评价与终结性评价相结合,体现多元主体评价 6. 是预设与生成的统一,具有一定的开放性与生成性
	课程形态 网络课程	1. 视频片段短小,每个视频片段一般不超过 20 分钟,以用来支持随时、随处、随手的学习;对于通过手机微信平台学习的课程,每个视频片段一般不超过 8 分钟 2. 把学习者视为学习主体,引导学习者充分参与、互动、体验与实践;呈现多样化的学习资源,支持个人自主学习,有相应的自主学习指导,注重对学员学习过程进行评价 3. 体现出学员是课程的建设者的思想,尊重学员的已有经验,注重学员的自主实践与建构,把学员的经验与学习成果视为课程资源的一部分 4. 过程性评价与终结性评价相结合,体现多元主体评价 5. 具有一定的开放性与生成性 6. 学习界面要友好,使学习者产生愉悦的学习体验
	课程形态 混合课程	1. 网络讲授在课程设计中所占的比例介于 30% 至 79% 之间 2. 线上学习偏重知识点的认知;线下学习偏重学员与学员、学员与培训者之间的互动,偏重建构主义的学习
	适用对象	适用对象清晰、明了,定位准确

（续表）

构成要素		标准要点
课程基本信息	课时学分	课时学分配置适切（例如，2 学分的基于网络互动型课程＝18 个 20 分钟的视频；2 学分的基于面授互动型课程＝20 节 45 分钟的面授课；2 学分的混合型课程依据不同类型课程的课时分别核算）
	开发背景	指出课程旨在解决的问题、课程的价值及课程开发者的优势
	课程简介	1. 课程概述简明扼要，字数在 150 字至 200 字之间 2. 陈述内容包含培训课程的学习对象、主要内容、采取的培训形式、达到的学习目标、呈现样态、课时配置等
课程目标		1. 课程目标的表述以教师学习者为主体，体现学习过程与主要学习结果的统一，清晰、具体、可达成 2. 目标定位既符合教师专业标准和当前对教师专业素养的要求，又针对学习对象的需求、特点与层次，即满足教师分级、分类、分层发展需求，启迪教师专业思维，加深教师专业理解，扩展教师专业视野，增强教师解决实际问题的能力，丰富教师教育教学经验，提升教师教育研究水平，形成教师自我建构的意识与能力，使教师成为终身学习、与时俱进的人 3. 目标定位考虑教师立德树人的职业特点，挖掘并体现课程对教师专业实践的迁移价值
课程内容		1. 课程内容与课程目标一致，精心筛选学习者最需要的关键经验 2. 课程内容聚焦主题，内容选择典型、精炼、新颖，体现分领域、分学科特点，反映分领域、分学科的内在结构、前沿动态，反映跨学科融合，深度、广度、难度、长度适中 3. 课程内容中理论与实践、原理与应用的比例合理，体现新时期教师学科素养和核心素养的基本要求 4. 课程内容与活动设计融为一体，体现学科知识、成人教学法知识与资源运用等的有机统一 5. 课程内容的组织与呈现符合知识本身及教师学习的规律，渐进、有序，具有模块化、微型化特征 6. 采用适切的多媒体技术呈现课程内容和活动，注重教师视、听、做、思融为一体的学习，支持人人、时时、处处学习 7. 课程素材、例证、数据、文献引用符合规范，来源可靠；扩展性素材表现形式多样，包括文本类（含书籍、文档等）、音频类、视频类、网络资源类、实践资源类等，与课程内容、教学活动契合，加深教师对课程内容的理解，开阔教师的专业视野

（续表）

构成要素	标准要点
课程实施	1. 课程提供者向教师阐明学习进程与路径,明确学习与评价的要求 2. 助学者在学习过程中给教师提供及时的课程提醒、沟通反馈服务,关注教师的学习需求、学习兴趣和学习进程 3. 注重教师的参与、互动、体验与实践,教师学习过程与问题解决过程融为一体,学习、研究、实践、反思与行为改进融为一体 4. 关注课程的生成性,重视利用生成性资源,不断丰富并完善预设性资源,使课程成为动态、生成的系统 5. 提升教师运用学习成果的能力,改进教育教学实践行为,丰富教师的实践智慧
课程评价	1. 确保课程评价与课程目标、内容、实施一致,指向课程目标的达成度和教师学习的满意度 2. 提供具体、可操作的教师学习表现、学习过程、学习成效评价标准和工具,发挥评价先于教学、导引教学的作用 3. 根据课程目标和课程内容,采用多元化评价方式,注重学习过程跟踪性记录,注重过程性评价与终结性评价有机统一 4. 引导教师自行评估学习过程和学习成效,思考新知识与新技能对学生成长的影响,思考其对课堂、学校及周围环境的改进效果
相关资源	提供的与课程学习相关的文本、视频、音频、网址等清晰、适切

上述标准体现了"互联网＋"时代数字化学习的特点,体现了成人学习以需求为导向、以问题为中心、基于已有的丰富经验自主建构学习等特点。

┌ **互动 4** ┐

请根据表 2-7 所示的课程审核表对自己或他人开发的一门教师培训课程进行评价打分,其中,5 分为最高分,1 分为最低分。

表 2-7　课程审核表

评价指标	5	4	3	2	1
1. 选题实用,可解决教育教学实际问题					
2. 课程目标具体、清晰、可测、可实现					
3. 课程结构清晰、严谨					
4. 课程内容实用,可有效促进学员行为发生转变					

（续表）

评价指标	5	4	3	2	1
5. 运用了实际案例、数据、故事等多种论证素材,论证充分,有说服力					
6. 运用了多种培训方法,充分调动学员参与积极性					
7. 作业评估环节可有效检测培训目标是否达成					
8. 课程材料丰富					
9. 课件美观大方,视频制作精良,每个片段不超过20分钟					
10. 培训内容与培训时长匹配得当					
11. 注重学员的实际应用					

互动1 参考答案

图2-3 教师培训课程分类的一种视觉化模型

图2-3是教师培训课程分类的一种视觉化模型。它有两个维度,横向是形式线,从无趣到有趣;纵向是内容线,从简单到深刻。这两个维度形成四个象限。

第一象限是形式有趣且内容深刻的妙不可言型,学员在生动有趣的形式中习得了深刻的内容,真正体会到学习的乐趣并愿意在行为上有所改变,即课程有料、有趣。

第二象限是形式无趣但内容深刻的负重前行型,学员犹如背负重物艰难前行,又如在参加一场累人的马拉松比赛,虽然学的内容很有价值,但传递内容的形式却简单粗暴,只是一味强灌、强推硬拉,学员学得非常累,即课程有料、无趣。

第三象限是形式无趣且内容简单的难受无聊型,学员置身其中就像挤进一个封闭的电梯间,难受无聊却又无处遁逃,心里只想着快点结束吧,即课程无料、无趣。

第四象限是形式有趣但内容简单的轻松观光型,学员学得很轻松、很愉悦,但课程结束后感觉自己没有什么收获,即课程无料、有趣。

我们期望的教师培训课程是有料、有趣的妙不可言型。

互动 2 参考答案

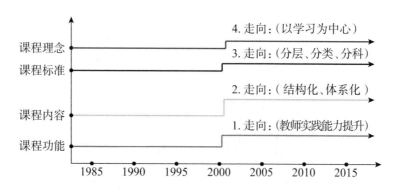

图 2-4 教师培训课程政策发展轨迹图参考答案

第三章
培训课程主题的确立

「**本章核心问题**」

◇ 如何进行科学、简单、有效的学员培训需求分析?

◇ 确立培训课程主题的标准与具体方法是什么?

◇ 如何给培训课程拟定一个贴切、生动的名称?

⌐互动 1⌐

表 3-1 是一些教师培训课程开发者确定的培训课程选题,请您说说这些选题是否合适?为什么?

表 3-1　一些教师培训课程开发者确定的培训课程选题

序号	培训课程选题	是	否	原因
1	拥有健康体魄,提升工作品质			
2	小学低年级语文句子教学方法指导			
3	个人理财实用指南			
4	课堂教学导入方法			
5	师生沟通的六个诀窍			
6	小学语文三步写字教学法			
7	小学美术 50 个师生互动小制作			
8	幼儿趣味剪纸			
9	中学生作文教学指导			

（参考答案见本章末）

第一节

培训需求分析

「故事」

　　丁老师是某区教育系统学科骨干教师,也是一位有着17年教龄的初中数学教师。作为区教育系统学科骨干教师参加培养期间,丁老师接到区里开发教师培训课程的任务。丁老师虽然有兴趣尝试,但是不知道从何做起,也不知道自己能够开发一门怎样的课程?

　　她带着疑问去找区里的课程建设指导者。

　　丁老师:我有兴趣尝试开发一门教师培训课程,但我不知道从何做起?

　　指导者:你现在还没有明确的方向,对吗?

　　丁老师:对的。我接下来应该怎么做呢?

　　指导者:你应该明确教师的实践需求,看看这些实践需求是不是你的兴趣点或优势经验点。如果这些实践需求既是教师迫切需要的,又是你能提供帮助的,你就可以将其作为自己课程开发的方向。

　　丁老师:好的。我要回去好好想一想。

「互动2」

　　您也来评估一下自己目前的状态吧,请在相应的序号上打"√"。

　　A. 我很明确——我知道自己现在要开发一门怎样的课程。

　　B. 我很犹豫——我现在有好几门课程要开发,有单位让我开发的,有其他机构邀请我开发的,有我自己感兴趣的,我不知道该从哪个开始。

　　C. 我没什么方向——我有兴趣,想尝试,但就是不知道要具体开发一门怎样的课程。

　　D. 我想优化——我之前开发了一门课程,但是不够理想,我想优化一下,让这门课程更精彩。

　　E. 我要保持原样——我之前开发了一门课程,我觉得这门课程已经很精彩了。

　　建议:如果您目前处于状态 A 或状态 E,那么恭喜您不用看本章了。如果您目前处于其他三种状态,建议您认真看看本章。

　　对于像丁老师一样的课程开发者来说,可以采用由外部需求强度向量与内在优势强度向量两个维度构成的选题定向分析模型图来进行选题定位。

一、选题定向分析模型图

图 3-1　选题定向分析模型图

　　图 3-1 所示的选题定向分析模型图有两个维度,横向是培训需求强度线,从左到右由低到高;纵向是开发者自我优势强度线,从下到上由低到高。这两个维度形成四个象限。

　　第一象限是首当其冲类。位于这个象限的选题既是学习者培训需求比较迫切且富有价值的,又是开发者个人具有经验优势的。这类选题应优先开发。

　　第二象限是束之高阁类。开发者在某个方面具有显著的经验优势,然而这方面经验知识不是学习者当前迫切需要的,对教师专业发展来说帮助不大。这类选题应暂时搁置。

　　第三象限是弃之不理类。位于这个象限的选题既非学习者的迫切需求,又非开发者的优势所在。这类选题应立即放弃。

第四象限是蓄势待发类。开发者敏感地觉察到学习者迫切的培训需求,然而自己的相关经验却比较缺乏。因此,开发者一方面应该积极与具有相关经验的人员合作;另一方面应该弥补与完善自己的相关知识,待时机成熟后再进行相应的课程开发。

┌ **互动 3** ┐

1. 请把自己或小组能想到的培训课程选题列出来。

2. 请对这些培训课程选题的价值与已有经验的成熟度进行判断,并在表3-2适当的位置上打"√"。

表 3-2 互动 3 表格

培训课程选题	培训课程选题的价值				已有经验的成熟度			
	高	较高	一般	低	高	较高	一般	低

二、培训需求识别

准确识别个人的经验与优势,相对容易。准确识别外部的培训需求,则需要一定的需求分析知识、技术与方法。

识别外部的培训需求需要确定四类关键人员:需求提出方;培训对象;培训对象的主管领导;开发者的主管领导。

开发者可以把图 3-2 所示的逻辑对话框作为思考工具帮助自己识别培训需求。

| WHO | 1. 我的培训对象是谁
2. 他们目前的状态如何
3. 他们期望提升到什么状态
4. 这个差距的提升是可以实现的吗 |

| WHAT | 1. 为了解决什么问题
2. 在问题解决过程中，培训对象遇到的困难或挑战是什么 |

| WHY | 1. 为什么要解决这个问题
2. 对培训对象有什么好处
3. 对培训对象所在的单位有什么好处
4. 对区域教育有什么好处
5. 对我个人有什么好处 |

| HOW | 1. 我有足够的积累来提供解决这个问题的方法或经验吗
2. 我知道从哪些渠道获得更多的资源或经验吗
3. 我第一步应该做什么 |

| EVALUATION | 1. 我怎么知道这个问题解决了
2. 我可以用什么方式来检验学员的学习成果
3. 我如何推动学员在学习结束后持续改进行为 |

图 3 - 2　逻辑对话框

——摘自金才兵,陈敬.好课程是设计出来的[M].北京:机械工业出版社,2017.

这是一个简单有用的思考工具,可以帮助教师培训课程开发者识别真正的培训需求,明确所要开发课程的价值,对课程开发的可行性进行判断。

该如何运用这个思考工具呢? 下面以某个教师培训机构研发团队"基于PTCP 模式的教师培训课程开发"逻辑对话框为例进行说明,如表 3 - 3 所示。

表 3-3　"基于 PTCP 模式的教师培训课程开发"逻辑对话框

逻辑维度		应用示例
WHO	1. 我的培训对象是谁 2. 他们目前的状态如何 3. 他们期望提升到什么状态 4. 这个差距的提升是可以实现的吗	1. ××区所有学科带头人 2. 绝大多数教师没有开发过比较规范的教师培训课程 3. ××区期望他们能够开发低结构的教师培训课程 4. 可以通过理论指导、案例分析、提供工具与样例来实现
WHAT	1. 为了解决什么问题 2. 在问题解决过程中,培训对象遇到的困难或挑战是什么	1. 教师缺乏开发低结构的教师培训课程的知识、技能与实践 2. 无法确定适切的选题;对自己的已有经验缺乏自信;制作微视频时感到费力
WHY	1. 为什么要解决这个问题 2. 对培训对象有什么好处 3. 对培训对象所在的单位有什么好处 4. 对区域教育有什么好处 5. 对我个人有什么好处	1. 丰富教师培训课程资源;促进学科带头人的专业发展 2. 更好地梳理与分享教学智慧;扩大影响力;丰富研究成果 3. 有助于提升培训对象所在单位的知名度与社会声誉 4. 丰富区域教师培训课程资源;促进区域学科带头人的专业发展 5. 优化与分享已有经验;扩大影响力;促进个人专业发展
HOW	1. 我有足够的积累来提供解决这个问题的方法或经验吗 2. 我知道从哪些渠道获得更多的资源或经验吗 3. 我第一步应该做什么	1. 我有过重组的经验与方法 2. 是的 3. 从用 PTCP 模式设计开发 PTCP 课程开始
EVALUATION	1. 我怎么知道这个问题解决了 2. 我可以用什么方式来检验学员的学习成果 3. 我如何推动学员在学习结束后持续改进行为	1. 让学员交一份基于 PTCP 模式的教师培训课程大纲 2. 让学员交一份基于 PTCP 模式的教师培训课程大纲 3. 让负责××区学科带头人工作的项目负责人跟进指导,要求每个学员实际实施并优化自己的课程

三、关注四类关键人员的意见与建议

在确定好课程开发方向后,开发者还要关注四类关键人员的意见与建议。表 3-4 是四类关键人员的意见与建议表。

表 3-4　四类关键人员的意见与建议表

需求提出方	培训对象
开发者的主管领导	培训对象的主管领导

下面以某个教师培训机构研发团队"基于 PTCP 模式的教师培训课程开发"对四类关键人员的调研内容为例进行说明。如表 3-5 所示。

表 3-5　"基于 PTCP 模式的教师培训课程开发"对四类关键人员的调研内容

需求提出方 1. 为什么要求教师基于 PTCP 模式开发教师培训课程 2. 教师熟悉 PTCP 模式吗 3. ××区对教师的具体期望是什么	培训对象 1. 培训对象自己对培训的期望是什么 2. 培训对象目前在培训课程开发过程中遇到的困难或挑战是什么 3. 培训对象希望学到的内容和关键点是什么
开发者的主管领导 1. 开发者的主管领导支持吗 2. 开发者的主管领导的期望是什么	培训对象的主管领导 1. 教师是否开发过培训课程 2. 学校支持教师开发培训课程吗

在识别培训需求、确定课程开发方向后,开发者就要明晰课程主题,确定选题。正如本章一开始读者所体验到的那样,选题确定有一些基本的标准。

第二节

培训主题确立

一、选题的标准

第一,小,即具体。选题宜小不宜大。要解决具体问题,切入点必须要小。选题可以细化到教学设计、授课导入方式、课堂提问、作业设计等。如果要开发较大的课程,建议将其模块化,如培训课程开发这一较大的课程可以拆分为需求分析、选题确定、目标设立、内容组织几个模块。

第二,实,即实在。立足当前教育教学工作,针对教师在实际工作中遇到的盲点、热点、难点、疑点问题确定选题,使确定的选题来源于学校、教师、教育教学实际。教师培训奉行"务实"之道,高谈阔论、上下五千年更适合职前学习。

第三,专,即专业。课程内容有专业深度,不要浮于表面,不能仅仅停留在"为什么"和"做什么"层面,尤其要注重对"怎么做"的指导,总结做事的方法。

第四,快,即见效快。由于课程实施周期短且课程主题基于教师在实际工作中遇到的具体问题,因此它不需要涉及问题的方方面面,只需要在规定的课时(最多20个课时)内让教师体会到"心头一喜"的愉悦,进而有所收获。表3-6是培训课程选题的一些正例与反例。

表3-6　培训课程选题的一些正例与反例

正例	反例
15分钟办公室体操——"解锁"僵硬四肢	拥有健康体魄,提升工作品质
小学低年级语文句子教学方法指导	语文教学方法指导
师生沟通的六个诀窍	师生沟通
小学语文三步写字教学法	语文教学法
小学美术50个师生互动小制作	小学美术课堂教学
中学生议论文写作教学指导	中学生作文教学指导

二、选题的方法

课程开发者在工作中必须善于发现和选择主题,以下介绍几种常用方法。

（一）问题筛选法

教育工作者在教育教学实践中会遇到各种困难,在工作中也会产生这样或那样的问题。有些问题带有一定的普遍性,解决这些问题对于提高教育教学质量、推动区域教育发展有较大的意义。

例如,传统的课堂教学往往是教师讲、学生听,教师念、学生记,教师考、学生背。这很难激发学生的学习兴趣,总有一部分学生因被动参与而不愿意学习。教师或许可以这样思考:是否可以采用自学辅导法、导学法、自主参与教学法等方法,促使学生由被动学习转为主动学习;是否可以改变原来的课堂教学结构,把班级授课制与小组讨论、个别答疑结合起来,并指导学生开展课外学习活动,以增加学生活动的时间与空间;是否可以调整原来的教学内容,增加实践环节与学生练习、实验时间,加强"反馈—矫正"教学;是否可以改革学校考试的形式和内容,使其真正发挥反馈、激励与科学评估的作用,而不仅仅是为了分等。只要悉心思考,教师总能找到适切的课程主题。

当我们遇到大量问题时,我们先要对这些问题进行归类整理,再分析其重要程度,研究这些问题意义的大小,确定其价值,并广泛听取意见,从中选取研究价值较高且适合自己开发水平和能力的问题作为课程主题。

（二）问题分解法

在实际教育活动中,我们常常会遇到许多比较复杂的问题,如学生学习动机不足问题、特殊学生教育问题、教学质量提升不明显问题。我们要对这些问题产生的原因进行剖析,把这些比较复杂的问题分解为一个又一个小问题,从中确定适切的选题。

上海市长宁区愚园路第一小学把这种由一个大问题分解得来不同层次小问题的方法称为问题链,如图 3-3 所示。

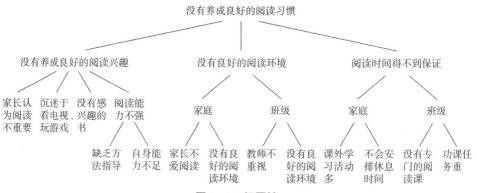

图 3-3 问题链

这种方法又可形象地称为"剥洋葱"。第一层问题是最初提出或归纳梳理得出的比较复杂的问题。第二层问题是不同成因或维度的问题。第三层问题是不同成因或维度下存在的更为细微的问题。这种方法为寻找小、实、专、快的选题提供了比较好的思维工具。

（三）经验提炼法

教师在教育实践中积累了丰富、宝贵的经验，但这些经验往往是零碎的、不自觉的，也未经过科学检验。因此，这些经验往往难以推广。如果教师能够总结经验并运用科学方法予以检验，揭示教育措施与教育效果之间的关系，进行理论抽象与概括，就使它们有了推广的可能。

总结经验，把经验上升到理论高度，必然要求教师回答一系列问题。这样，课程系列主题就出现了。

比如，许多校长在师资队伍建设方面积累了许多经验，如严格要求、尊重信任、感情投资。这些经验具有普遍意义吗？对不同年龄、不同个性教师的作用是否相同？有没有理论根据？有无主次之分？这些问题形成了课程系列主题。

三、选题确立的过程

每个选题确立的过程并不完全相同。这里分享其中一种过程。

第一步，感知问题。一线教师在培训课程开发过程中，往往凭自己的观察与实践感知问题。他们对问题的认识和理解在很大程度上仍是模糊的，有待进一步加深。

第二步，明确问题。通过初步的调查研究、搜集和分析相关文献资料等，进一步明确要聚焦的问题。例如，案例中的丁老师在感知到初中数学教师学科核心素养方面的问题后，通过分析问卷调查结果得知，推理能力是教师最迫切想要发展的学科核心素养。而教师在推理能力本体知识方面有所缺失，在教学设计方面就会存在问题。所以她认真学习关于推理教学的权威文献，最终以美国G.波利亚的专著以及奥苏贝尔的有意义学习理论作为依据，通过案例分析的方式帮助教师把经验上升到理论高度，推动教师专业发展。

第三步，界定核心概念。在分析相关文献的基础上，开发者还要对所研究问题的核心概念进行界定，最好是对问题进行操作性描述，以促使教师研究的问题及其展开过程更加清晰。例如，案例中的丁老师，按照教师培训需求，聚焦学科核心素养的培养并将其具体化为教师推理能力的提升。丁老师对推理、数学推理能力等核心概念进行了界定。推理是由一个或几个已知判断推出一个新判断的思维形式。数学推理能力是在数学活动中,借助合情推理,了解活动对象,进行数学猜想,用演绎推理对得到的猜想加以证明,并且能够交流问题解决过程的个性心理特征。丁老师还建构了可以操作的"基于学生推理能力提升"的初中数学教学设计模式。通过对核心概念的界定,丁老师大致确立了课程的研究范围,明确了课程的研究方向,找到了解决问题的路径,有助于将课后实践落到实处。

第四步,确定选题。至此,一个比较适切的选题诞生了。

第三节

课程名称拟定

假设您在微信朋友圈或其他网络平台上看到表 3－7 所示的推荐课程,您会对其中的哪些课程感兴趣?

表 3－7 互动 4 表格

序号	课程名称	感兴趣	兴趣不大	不感兴趣
1	教师团队信息素养课程			
2	从研修到精修有多远			
3	教师阅读素养课程			
4	做懂爱、会爱的幼儿园教师			
5	认识你自己			
6	"减、乘、除"——教学创新的方法			
7	脑科学与语言学习			
8	拆掉部门间的墙——项目制管理的秘密			
9	师生沟通的六个诀窍			
10	班主任班务管理			

反思一下,为什么您会对其中的某些课程感兴趣?

- 是因为这些课程名称反映了您目前比较关注的问题吗?
- 是因为这些课程名称新颖有趣吗?
- 是因为这些课程名称形象生动吗?
- 是因为这些课程名称具体贴切吗?

再反思一下,为什么您会对其中的某些课程不感兴趣?

- 是因为这些课程名称与您目前比较关注的问题不相关吗?
- 是因为这些课程名称大而不当吗?
- 是因为这些课程名称沉闷乏味吗?

一、课程名称富有吸引力的特质

教师培训课程的名称要吸引人,除了要包括被培训者比较关注的内容,一般还包括以下几个特质:

(一)新颖有趣

新颖有趣的课程名称可以引发被培训者的好奇心,人的好奇心是其探索的重要动机。"'减、乘、除'——教学创新的方法"这类标题会引发很多被培训者的好奇心,减、乘、除与教学创新会有什么关系呢?

(二)形象生动

"拆掉部门间的墙——项目制管理的秘密"这类标题形象生动地总结了教育机构中各部门之间存在的沟通阻碍问题,容易让人产生共鸣。

(三)具体贴切

"师生沟通的六个诀窍""从研修到精修有多远"这类标题听上去就很有吸引力,让人感觉能学到实实在在的知识。

(四)反映实质

"做懂爱、会爱的幼儿园教师""班主任班务管理"这类标题虽然语言朴实无华,但是却高度概括、总结了核心观点。

给课程起个既反映实质又富有时代气息的新颖有趣的名称吧!有时候当个"标题党"也是必要的。

二、课程名称的命名方式

(一)完整写实式

课程名称如实地反映出学段、学科、教学内容等要素,如"小学低年级语文看图说话写话教学""信息技术环境下初中地理学科的资源运用与教学设计"。当然也有特殊情况,如果有些课程是面向全体教师的,就不一定在课程名称中出现学段等信息。

(二)核心观点式

课程名称简洁地总结出课程的核心观点,如"让学习更简单——微课程设计与开发""'集中识字 口语突破'——小学高年级英语教学模式设计"。

（三）数字模型式

课程名称中使用一些数字说明课程的核心内容，如"小学语文三步写字教学法""师生沟通的六个诀窍"。

（四）隐喻象征式

课程名称中使用隐喻象征等说明课程的核心内容，如"拆掉部门间的墙——项目制管理的秘密"。

（五）流行话语式

课程名称中套用一些流行话语来说明课程的核心内容，如"精品课程是如何炼成的""那些年我们一起学过的教育管理"。

（六）博取眼球式

用一些博取眼球式的词语、句子来命名课程，如"教师培训课程开发宝典""从菜鸟到高手——教师培训课程开发指南""五分钟让你学会写案例"。

⌈ **互动 5** ⌉

请您写出表 3-8 所示的课程名称的命名方式。

表 3-8　互动 5 表格

序号	课程名称	命名方式
1	小学英语词汇教学多种评价策略	
2	孩子爱上我的理由——新教师成长之道	
3	"后茶馆式"教学微方法设计	
4	初中体育教师必备的十种基本教学能力	
5	工欲善其事，必先利其器——项目管理工具箱	
6	小学探究活动的设计与辅导	
7	孩子，你会倾听吗——3 至 6 岁幼儿良好倾听行为的培养	
8	中学语文作业设计秘笈	
9	心智管理——行走于变与不变之间	
10	会声会影——多媒体视频、音频编辑	
11	智慧　融合　创新——技术支持下的幼儿活动设计	

（参考答案见本章末）

〜〜〜〜〜〜〜〜〜〜〜〜〜〜〜〜〜〜〜〜〜〜〜〜〜〜〜〜〜〜

「互动 1 参考答案」

表 3-9　互动 1 参考答案

序号	培训课程选题	是	否	原因
1	拥有健康体魄,提升工作品质		✓	(1) 题目宽泛,不够聚焦,实际操作起来会感觉无从下手 (2) 建议选择一个关键点进行设计
2	小学低年级语文句子教学方法指导	✓		具体明确
3	个人理财实用指南		✓	对教师专业实践能力的提升意义不大
4	课堂教学导入方法		✓	已有非常成熟的课程,不需要重新开发设计
5	师生沟通的六个诀窍	✓		具体明确
6	小学语文三步写字教学法	✓		(1) 具体明确,找准关键点 (2) 提供实际的工作经验
7	小学美术 50 个师生互动小制作	✓		(1) 具体明确 (2) 简单实用
8	幼儿趣味剪纸		✓	是学生教育课程,不是教师教育课程
9	中学生作文教学指导		✓	是学生教育课程,不是教师教育课程

　　由此可见,一个适切的教师培训课程选题应该符合一定的标准。教师培训课程开发者要确定一个适切的教师培训课程选题至少要完成三项任务,即培训需求分析、培训主题确立、课程名称拟定。

「互动 5 参考答案」

表 3-10　互动 5 参考答案

序号	课程名称	命名方式
1	小学英语词汇教学多种评价策略	完整写实式
2	孩子爱上我的理由——新教师成长之道	核心观点式
3	"后茶馆式"教学微方法设计	核心观点式
4	初中体育教师必备的十种基本教学能力	数字模型式

（续表）

序号	课程名称	命名方式
5	工欲善其事,必先利其器——项目管理工具箱	流行话语式
6	小学探究活动的设计与辅导	完整写实式
7	孩子,你会倾听吗——3至6岁幼儿良好倾听行为的培养	核心观点式
8	中学语文作业设计秘笈	博取眼球式
9	心智管理——行走于变与不变之间	流行话语式
10	会声会影——多媒体视频、音频编辑	隐喻象征式
11	智慧　融合　创新——技术支持下的幼儿活动设计	核心观点式

第四章
培训课程目标的设立

「**本章核心问题**」

◇ 如何科学、准确地表述教师培训课程目标？

◇ 教师培训课程目标的特点及撰写中的常见问题纠偏。

请您说说下面的培训课程目标是否合适,如果不合适,可能存在什么问题。

1. 通过幼儿玩陶活动观摩与研讨,提高教师观察幼儿、解读幼儿的能力。

问题:_____

2. 通过专题讲座、活动观摩与研讨等,帮助教师转变教育观念,改进教育策略。

问题:_____

3. 通过一小时的讲座,教会教师设计一门课程。

问题:_____

4. 通过半天的培训,提高教师的艺术素养和专业能力,让教师在陶艺创作中享受探究和创造的乐趣。

问题:_____

(参考答案见本章末)

第一节

确定课程目标的策略

课程目标是对学习者完成培训课程学习后应该达到的学习结果的期望。它关注的是学习者学到了什么，而不是培训者教授了什么。

一、确定课程目标的原则

培训者在确定课程目标时应遵守的 SMART 原则，如表 4 - 1 所示。

表 4 - 1　确定课程目标时应遵守的 SMART 原则

SMART 原则	说明
S （Specific）	明确、特定、具体，即用具体的语言清楚地说明要达到的行为标准
M （Measurable）	可衡量性，即有明确的数据或可观测的表现作为衡量课程目标达成度的依据
A （Attainable）	可达成性，即根据学员的素质、经历等情况，以实际工作要求为指导，确定切合实际的可达成的目标
R （Realistic）	实际性，即考虑在目前条件下是否可行或可操作，是否高不可攀或没有意义
T （Time-bound）	时限性，即目标达成是有时间限制的，没有时间限制的目标不仅没有办法考核，而且容易造成考核结果不公正

表 4 - 2 是课程目标的一些正例与反例。

表 4 - 2　课程目标的一些正例与反例

正例	反例
能够结合本校的校情和生情，确立"中国传统木工"主题课程目标，合理筛选并组织相应的课程内容	通过开展国画培训活动，弘扬民族精神，传承民族文化，发展传统艺术，感受中国传统艺术美，提高对中华民族悠久历史和优秀文化的认同感，提高教师思想道德素质、科学文化素养、艺术素养

（续表）

正例	反例
选择适切的"中国传统木工"主题课程实施方式及相应的评价方式	帮助教师领悟幼儿生命教育的价值，重视幼儿生命教育
初步设计一门"中国传统木工"主题课程方案	帮助教师提升教学能力，转变教学行为
了解陶艺制作的基本过程，在欣赏与实践的过程中掌握陶艺制作的基本方法	提升教师的动手能力、创新精神、审美情趣、民族意识
通过实践操作，了解建构专业术语及搭建技巧	通过面授与自主学习，提升教师的国际象棋文化底蕴

互动 2

表 4-3 是××校课程申报表（节选），请仔细阅读表格中的课程开发背景和课程内容架构，根据 SMART 原则，修改课程目标。

表 4-3　××校课程申报表（节选）

课程开发背景	中小学如何基于各学科《课程标准》进行教学，是我校一直在探索研究的问题。我校请了各学科教研员来开办专题讲座，使教师在理论认识上和思想认识上有了提高，但在进一步提高研究质量、从经验教学转向基于《课程标准》的教学、撰写教学课例方面，教师还需要进一步的理论学习和实践体验。而健康的心理是提高教师研究质量的基础。因此，本课程专业理论报告与实践辅导相结合，旨在通过研讨、交流，为教师疏导减压，帮助教师更好地完成基于《课程标准》教学的实践与研究任务
课程目标	通过培训，教师能够认识到从基于经验的教学转变为基于标准的教学的实际意义，掌握转变的方法，把握好转变的度。同时，教师能够在专家的指导下撰写课例，通过撰写课例，进一步检验和提高基于《课程标准》教学的能力；通过对学校课程开发过程的了解，明确自身在课程开发和实施中的角色与任务。在培训中，教研组和备课组要发挥研究团队作用，实现同伴互助和共同提高
课程内容架构	1. 理论学习 （1）主题报告"从基于经验的教学走向基于标准的教学" （2）专题辅导报告"如何撰写课例" 2. 实践体验 （1）教研论坛"基于标准的课堂教学研究课研讨" （2）教研组讨论及案例分享交流 （3）备课组讨论及课例分享交流 （4）教师自学及课例撰写 （5）素质拓展

修改后的课程目标为：

_____

_____

_____

_____

_____

（参考答案见本章末）

二、教师培训课程目标的特点

教师培训课程目标除了具有一般培训课程目标的特点，还具有三个特点。

（一）以教师学习者为主体，体现学习过程与主要学习结果的统一

教师学习过程包括听讲座、阅读文献、练习、实践、操作、观摩、研讨、思考、角色扮演等。教师主要学习结果包括知识、技能与态度。教师培训课程目标要体现出教师通过怎样的学习过程达到怎样的学习结果。

虽然具体的教师培训课程目标千差万别，但基本都指向启迪教师专业智慧，加深教师专业理解，开阔教师专业视野，增强教师问题解决技能，丰富教师教育教学经验，提升教师教育研究水平，形成教师自我建构的意识与能力，发展教师专业精神，使教师成为终生学习、与时俱进的人。

（二）既要符合教师专业标准和当前对教师专业素养的要求，又要针对学习对象的需求、特点与层次，体现出针对性

如，要求教师提高自身故事欣赏和表现能力；掌握幼儿讲故事活动的指导策略，提高自身教学组织能力；领悟幼儿讲故事活动对幼儿发展的作用，愿意开展幼儿讲故事活动；了解不同阶段幼儿发展特点及其适用的指导策略等。

再如，要求教师通过观看案例视频、学习相关政策、阅读文本资料、在线研讨互动等方式，学习班级班务管理的基本方法，掌握基本操作步骤，并能够结合校情和生情在实际班主任工作中具体运用；体会班主任工作的重要性、复杂性与乐趣，养成认真负责的工作态度及关注细节的工作习惯。

（三）目标定位考虑到教师立德树人的职业特点，挖掘并体现课程对教师专业实践的迁移价值

教师是从事立德树人工作的人，教师发展的最终目标是服务于学生发展。

一些教师培训课程仅仅关注教师自身知识与技能的提升,却没有体现课程对教师专业实践的迁移价值。

例如,布艺、插花、多肉植物栽培、烘焙等素养类课程,有助于提高教师个人品性修养,却没有充分体现课程对教师专业实践的迁移价值。毕竟教师是从事教书育人工作的人,培训在提高教师个人品性修养的同时,应体现出其对教师教书育人工作隐性或显性的启发、迁移、应用价值。以插花为例,比较恰当的做法是,在课程目标中表明:教师通过观摩、动手实践、培训师指导等活动,掌握插花的基本知识与技能,提高欣赏美、感悟美、创造美的能力,培养生活情趣;教师把对美的感悟能力应用到课件制作、教室布置、穿衣打扮中,增强师生的审美感受。

第二节

课程目标的撰写

一、课程目标的构成

一个完整的课程目标包括行为主体(A)、行为动词(B)、行为条件(C)、表现程度(D)四个构成要素,简称 ABCD 形式。

A(Actor):行为主体,即学员。

B(Behavior):行为动词,即执行的行为。

C(Condition):行为条件,即执行的前提条件。

D(Degree):表现程度,即用可测定的程度描述执行标准。

互动 3

请您写出画线部分分别属于课程目标的哪个构成要素。

<u>通过案例分析与同伴研讨</u>,<u>教师</u> <u>在 10 分钟内独立、准确地</u>
（　　　　　　　　　　）,（　　）（　　　　　　　　　　）

<u>完成对学习任务单所给案例的分析</u>。
（　　　　　　　　　　　　　　）

（参考答案见本章末）

（一）行为主体的表述

无论是一般的行为目标,还是具体的行为目标,在描述时都应描述学习者的学习结果而不是培训者的教学行为。具体来说,一般不描述培训者的教学程序、活动安排、教学意图,如"使学生……""让学生……""提高学生……""培养学生……",而用"能认出……""能解释……""能设计……""能写出……""能对……进行评价""能根据……对……进行分析"描述学习者的预期学习结果。因此,要清楚地表明达成目标的行为主体是学习者。

（二）行为动词的表述

课程目标应采用可观察、可操作、可检验的具体的行为动词来描述。而传统习惯上采用的了解、掌握、知道、熟悉等动词,仅仅体现内部心理过程,过于笼统、含糊,因为难以观察,所以也就难以测量,无法检验。而认出、说出、描述、解释、说明、分析、评价、模仿、参与、讨论、交流、认同、拒绝等行为动词意义更为明确,易于观察,便于检测。

（三）行为条件的表述

有时需要表明学习者应在什么情况下或在什么范围内完成指定的学习活动,如"用所给的材料探究……""通过合作学习小组的讨论,制订……""通过自行设计小实验,体验……"。

（四）表现程度的表述

表现程度是指学习者达成课程目标后所表现出来的水准,用以测量学习者学习目标达成程度。如"能准确无误地说出……""详细地写出……""客观正确地评价……"等表述中的状语部分,限定了目标水平的表现程度,便于检测。

二、课程目标表述的关键词

（一）知识与技能目标

知识与技能目标,就是学习者在培训课程结束后应该掌握的知识,应该具备的能力。行为动词大体上有会写、读准、认识、学会、把握、了解、写下、熟记、理解、展示、扩展、使用、分析、区分、判断、获得、表现、扩大、拓展、评价、掌握、运用、懂得、讲述、表达、阅读、复述、诵读、写出、倾听、观察、朗读、推想、揣摩、想象、转述、讲述、选择、扩写、续写、改写、发现、借助、捕捉、提取、收集、修改等。

（二）过程与方法目标

过程与方法目标,就是学习者在培训课程结束过程中,获得知识与技能,形成情感、态度与价值观时所亲身经历的过程及运用的方法。过程与方法维度的目标,重视学习者在学习过程中有意识运用的方法,强调学习过程的重要性。行为动词大体上有感受、尝试、体会、参加、发表意见、提出问题、讨论、积累、体验、策划、交流、制订计划、收藏、分享、合作、探讨、沟通、组织等。

（三）情感、态度与价值观目标

情感、态度与价值观目标,就是学习者在培训课程结束后对外界刺激肯定或否定的内心体验和心理反应。学习者表现出来的喜怒哀乐就是态度,对人和事物积极或消极作用的评价和取舍的观念就是价值观。行为动词大体上有喜欢、体会、乐于、敢干、抵制、有兴趣、欣赏、感受、愿意、尊重、理解、抵制、辨别(是非)、关心、养成、领悟等。

三、课程目标表述的学习程度

教育专家们认为,每个领域都有不同的层次,从简单到复杂,每个层次都是建立在前面几个已经完成的层次基础之上的。布鲁姆等人指出,认知领域的教育目标分为六个层次,即知道、领会、应用、分析、综合、评价。在认知领域,应用(第三层)就是建立在学员知道(第一层)和领会(第二层)知识的基础之上的。每个层次都比它前面几个层次更具挑战性,如评价某件事就比知道某件事要难得多。许多培训者和学习者只关注低层次的课程目标,就是因为这些课程目标比较容易实现。此外,我们的确很难去考查情感方面的课程目标,比如,你如何知道学员是否认同或支持某件事呢?

以下提供一些确定课程目标的小窍门:确定每个课程目标所属的领域和层次;确保多个领域都有相应的课程目标;确保在多门课程中既有高层次的课程目标,又有低层次的课程目标;又低层次的课程目标已经实现的基础上再考虑如何实现高层次的课程目标。

┌ **互动 4** ┐

您在教育教学过程中有哪些独到的做法想要分享给其他教师? 请尝试按照下列步骤写出教师培训课程目标。

1. 您在教育教学过程中有哪些独到的做法?

_____

2. 您最想将这些做法分享给哪一类教师(专家教师、成熟教师、见习教师)?

_____

3. 通过分享您的做法,您希望其他教师知道什么?

_____

4. 您最想通过怎样的方式与其他教师分享您的做法?

_____

5. 其他教师知道您的做法后,在情感、态度与价值观方面会有怎样的改变?

_____

6. 请写出您的教师培训课程目标。

_____

7. 对照本节内容,修改您的教师培训课程目标的行为主体、行为动词、行为条件、表现程度表述。

_____

上述步骤也可以作为确定教师培训课程目标的七步逻辑对话工具。

学会撰写课程目标的唯一途径是自己去试试看。你可以试着给不同领域和层次的教师培训课程撰写课程目标。写完之后你一定要找别人给你提提意见,或者,你也可以跟别的学习者一起撰写。这么做可能需要花费比较长的时间,但这样撰写出来的课程目标肯定比你自己一个人撰写出来的课程目标效果更好。各方的参与始终是一个非常关键的问题。

第三节 ┓

撰写课程目标时应注意的问题

一、课程目标撰写中的常见误区

在撰写课程目标时,常见误区有三种。

(一) 课程目标的行为主体不是学习者

如"通过培训,让更多的教师具备一些良好的国画技能,掌握组织国画活动的方法与教学策略"这个课程目标是针对培训者而言的。针对学习者的正确表述应为"通过培训,教师至少具备三种良好的国画技能,至少掌握五种组织国画活动的方法与教学策略"。

(二) 课程目标宽泛,不具体,不聚焦,难测量

如"参与培训学习后,教师拓展了教学能力,提高了综合素质,开阔了幼儿艺术教育思路"。

(三) 课程目标没有充分体现教师职业特性

教师是从事立德树人工作的人。教师不仅自己要学习与发展,而且要通过改进教育教学实践惠及学生的发展。因此,教师的学习应尽量与教育教学实践的改进关联起来。

二、撰写课程目标的五个原则

第一,要从学习者的角度去写。也就是说,要说明学习者学完培训课程后应该能做什么。

第二,给所有的预期行为命名,并把它们的具体表现描述出来。人们能够通过某种方式来评价这些预期行为是否发生。

第三,要把预期行为发生的条件或约束因素描述清楚。

第四,要提供一个行为标准,学习者只有达到该行为标准才算合格。

第五,要体现教师职业特性。

因此,课程目标的表述语言必须十分严谨,所使用的动词一定要说清楚要求学习者做的事,而且要求学习者所做的事是可以评估的,要避免使用难以评估的词来描述课程目标。比如,我们很难评估学习者是否了解某件事,但要评估他们是否能解释某件事就容易多了。

一些可以用来描述课程目标的动词包括定义、确认、识别、列举、解决、建构、陈述、解释、选择等。请尽量不要使用了解、理解、喜欢、相信、欣赏等词语。

互动 1 参考答案

1. 通过幼儿玩陶活动观摩与研讨,提高教师观察幼儿、解读幼儿的能力。

问题: 表述时没有把学习者视为主体。

2. 通过专题讲座、活动观摩与研讨等,帮助教师转变教育观念,改进教育策略。

问题: 课程目标宽泛,不具体,不聚焦,难测量。

3. 通过一小时的讲座,教会教师设计一门课程。

问题: 培训时间与培训任务难度不匹配,难以在规定时间内达成课程目标。

4. 通过半天的培训,提高教师的艺术素养和专业能力,让教师在陶艺创作中享受探究和创造的乐趣。

问题: 课程目标是否达成难测量。

互动 2 参考答案

修改后的课程目标为:

1. 聆听主题报告,了解从基于经验的教学转变为基于标准的教学的方法和操作要点,依据基于标准的教学的方法和操作要点撰写 1 至 2 篇教学设计。

2. 聆听专题辅导报告,掌握课例撰写方法,依据课例撰写方法至少撰写 1 篇课例。教研组或备课组合作,梳理基于标准的教学的基本问题,分工合作,至少完成 10 篇基于标准的教学的教学设计和课例撰写任务。

互动 3 参考答案

通过案例分析与同伴研讨,　　教师　　在 10 分钟内独立、准确地
　　(行为条件)　　　　(行为主体)　　　(表现程度)
完成对学习任务单所给案例的分析。
　　(行为动词)

第五章
培训课程内容的确定

「**本章核心问题**」

◇ 筛选课程内容的标准与步骤是什么?

◇ 确定课程内容的具体方法有哪些?

◇ 如何获取丰富、贴切、生动的课程素材?

林老师是某小学分管德育工作的副校长,同时也是一位资深的班主任。她深知班主任工作对班级学生成长的重要性,也看到了很多新教师做班主任工作时的不适。林老师决定带领有经验的班主任开发一门有关班主任班务组织与管理工作的培训课程。她的目标有三个。

第一,教师经过以案例分析方式为主的培训,能够掌握实实在在的组织班务工作的基本技能,掌握处理班务问题的基本策略。

第二,教师经过培训,能够切实减少对班主任工作的恐惧,体会班主任工作的重要性与乐趣。

第三,教师经过培训,能够深切明白教育无小事,在做班主任工作时关注细节、注重换位思考、认真负责、公平公正。

但到底要给教师讲哪些内容呢?林老师仍在纠结。

请您为案例中的林老师提点建议。

_____

_____

_____

_____

(参考答案见本章末)

第一节

课程内容的选择

一、课程内容的内涵

施良方在《课程理论——课程的基础、原理与问题》一书中指出："课程内容是指各门学科中特定的事实、观点、原理和问题，以及处理它们的方式。"廖哲勋、田慧生在《课程新论》一书中指出："课程内容是一系列比较系统的直接经验和间接经验的总和。课程内容是根据课程目标从人类的经验体系中选择出来，并按照一定的逻辑序列组织编排而成的知识和经验体系，它是课程的核心要素。"

从这两种概念表述中我们可以看出，课程内容包括事实、观点、原理、问题、解决方法等要素，这些要素可以是直接经验，也可以是间接经验。但具体到某一门课程，其内容又不是零散的，而是根据课程目标、授课对象、课时等对一些要素进行选择，并按照一定的逻辑序列组织编排而成的知识和经验体系，即具有一定的结构性。简而言之，课程内容即"教什么"。

根据 ADDIE 课程设计模型，在进行了需求分析、确定好课程目标之后，接下来就要确立整个课程的结构，即课程内容大纲，然后在结构的基础上再开发具体的内容，即课程内容小节，这两个部分是紧密相连的。所以课程内容的开发既包括课程内容大纲的确立，也包括课程内容小节的开发，两者紧密结合才是一门完整的课程。

确立课程内容大纲就是确立课程知识体系框架。课程主题和课程目标产生之后，要分析解决这个问题和达成这个课程目标需要多少个知识模块，每个知识模块都是一个课程内容大纲。非常详尽的课程内容大纲或许会包括具体的事实性信息，而非常简要的课程内容大纲只需要包括重要主题和次要主题，即章节标题。撰写课程内容大纲是为了提取、更新或补充课程开发者的知识，确保重要内容不被不经意地忽略掉，也是为了使章节标题内容的相对重要性更为突出。撰写课程内容小节是为了在课程内容大纲确定之后，填充大量实用内容，让课程更加稳定和"落地"。

从简要的课程内容大纲到详细的课程内容小节,这是一个内容不断充实和丰富的过程。在这个过程中常用的一种方法是强拆法,即对每个课程内容大纲所包含的内容进行强行拆分,使其精细化、流程化、模块化的一种手段。[1] 强拆可以让一个内容点快速产生无数个细节内容点,让知识数量呈几何倍数增长。如果有必要,开发者还可以对课程内容小节再进行强行拆分,形成细节、微细节的内容,确保小节内容的丰富性。

二、课程内容的三种取向

课程内容是课程目标最直接的体现,是实现课程目标的手段,直接指向课程"应该教什么"。

2012 年,教育部制定了《中学教师专业标准(试行)》《小学教师专业标准(试行)》《幼儿园教师专业标准(试行)》(以下统一简称《专业标准》)。《专业标准》是"国家对幼儿园、小学和中学合格教师专业素质的基本要求,是教师实施教育教学行为的基本规范,是引领教师专业发展的基本准则,是教师培养、准入、培训、考核等工作的重要依据",也是教师培训课程开发的重要依据。《专业标准》从专业理念与师德、专业知识、专业能力三个维度规定了幼儿园、中小学教师专业发展的基本内容。这三个维度分别代表了素养、知识、能力,它与单位(企业)对人的能力评审的三大模型——素养、知识、能力是一致的。因此,我们将教师培训课程内容的取向也界定为素养、知识、能力三类。

(一) 素养取向

素养取向的课程主要指向教师培训中的专业理念与师德,包括教师对职业的理解和认识、教师对学生及教育教学的态度和行为、教师个人的修养与行为。这类课程的主要目的是端正教师的工作态度和生活态度,缓解教师的工作压力,激发教师的工作热情和进取心等。

在开发素养取向的课程内容时,开发者要根据自己的特点和要解决的问题,进行感性素材的搜集,并巧妙安排这些感性素材,尽量避免临场发挥。因为这类课程对授课者的能力要求非常高,如极具热情和语言煽动力、具有丰富的感性素材、具有极强的课程互动能力和场面控制能力。因此,这类课程的开发者要做好

充分的准备。

"中小学教师情绪管理的方法指导""教师职业素养——做个幸福的教师""新教师素养、困惑与责任"等课程都是素养取向的课程。

（二）知识取向

知识取向的课程主要指向教师培训中的专业知识，包括学生发展知识、学科知识、教育教学知识、通识性知识。这类课程的主要目的是丰富教师的专业知识和普及型知识。这类取向的课程一般出现在以下情况中：新的教育理念、方法、政策等出台的时候，这类课程强调知识的精准；新教师入职、教师调换工作岗位或晋升的时候，这类课程强调知识的普及。

在开发知识取向的课程内容时，开发者自身要对这些知识有非常精确、深入的把握，对知识本身的含义、所属的知识体系、所能运用的情境等有充分的了解，并且能够用通俗易懂的方式将其呈现出来。因此，这类课程的开发者就不能仅仅是实践中的熟练者，还必须是更高位的知识提炼者和研究者。

"数学教育中的数学文化""教学设计及其心理学基础""3 至 6 岁儿童学习与发展指南解读"等课程都是知识取向的课程。

（三）能力取向

能力取向的课程主要指向教师培训中的专业能力，包括教育教学设计能力、组织与实施能力、激励与评价能力、沟通与合作能力、反思与发展能力。这类课程的主要目的是提升教师的岗位工作能力，进而提升教师的工作业绩和学生的学业成就。

能力提升是教师职后培训最核心的目的。在开发能力取向的课程内容时，开发者必须有很好的操作能力和经验，有较为准确的操作规范。因此，这类课程的开发者最好是有丰富教学经验的教师，如把学校里各个学科、各个岗位的资深教师作为教师培训课程的开发者，让他们基于学校的文化、规范、情境和实践经验来开发课程，持续性地为教师提升岗位工作能力进行培训。

在开发能力取向的课程内容时，开发者要注意为每个要练习的内容提供足够的时间，以保证技能得到练习和运用，避免变成技能知识的传授课程。开发者要确保技能在真实的情境中得到练习，这样可以在练习的过程中将潜在的问题凸显出来，通过问题的解决来提升能力。开发者要非常熟悉课程内容涉及的每种能力和技巧，对其细节、步骤、流程等有很好的设计，并掌握每项技能的操作标准和规范。

在目前各级各类的教师培训课程中,能力取向类的课程是非常丰富的。"幼儿园室内体育运动的环境创设""低年级句子理解的教学指导""小学自然课堂探究活动的设计""高中数学教学内容问题化组织方略""地理课堂教学中的问题设计"等课程都是能力取向的课程。

三、课程内容的选择标准

（一）充分体现课程目标的要求

课程内容与课程目标的匹配性和一致性是课程设计有效的保障。在课程内容设计的过程中,常常出现脱离课程目标的现象,比如,在课程目标中陈述了知识、技能和情感三大领域的目标,但在实际课程内容的安排中,往往偏重认知领域的有关内容,有时候甚至只关注零散、片段性的事实,忽略重要的概念、原理等。

因此,在确定好课程目标后,课程内容的选择就必须依据课程目标,即有什么课程目标,便有什么课程内容,课程目标与课程内容趋于一致,这样整个课程才会趋于完整。如一门有关"如何寻找资料"的课程至少包括四个课程目标:(1)了解图书馆的收藏及编目方法;(2)了解索引及其他工具书的用法;(3)依照选定主题找出所需资料;(4)体会寻找资料的重要性和乐趣。

为了达成这四个课程目标,课程内容选择必须恰当地分配到与这四个课程目标有关的领域,包括图书馆的作用、收藏的范围、编目的作用与方法、工具书的种类、索引的种类、使用工具书的方法、通过索引查资料的方法、寻找资料的重要性、从资料寻找中得到的乐趣等。这些课程内容要达成课程目标,还需要借助良好的教学活动。

这一点与泰勒在《课程与教学的基本原理》中所阐述的"选择学习经验的一般原则"中的第一条是一致的,"为了实现既定目标,学生必须有这种经验:它提供机会让学生去实践该项目所隐含的行为"。[①] 即只有让课程对象在匹配的课程内容及教学活动中进行体验,才能达成课程目标的所有方面。

（二）真正满足培训对象的需求

教师培训课程的价值定位是为参训教师的有效学习与发展服务的。在知识

---

① (美)拉尔夫·泰勒.课程与教学的基本原理[M].罗康,张阅,译.北京:中国轻工业出版社,2017.

的系统性与培训对象的实际需求之间,往往把满足参训教师的实际需求作为首要考虑因素,这正是教师学习不同于青少年学生学习的地方。

为了筛选出最关键的学习经验,开发者需要思考三个问题。第一,它是课程主题相关的知识或能力中最基本的成分吗？第二,它是应用性和迁移性最大的成分吗？第三,它是方法或精神的成分吗？

最基本的成分也是最核心的成分,它是所有知识系统的基础。而应用性和迁移性最大的成分既有助于扩大上一条原则中课程内容的范围,又可以让学员学得更为省力,效果更好。方法或精神的成分是获取知识和能力的基石,是"渔",有了它,学员自身知识和能力的建构才有可能。所以在课程内容的选择上,开发者不仅要考虑零碎的事实和细节,还要考虑知识本身的重要性。

鲍勃·派克曾将培训课程内容分为三个层次:一是学员必须掌握的内容；二是学员最好掌握的内容；三是参考资源。开发者应该首先筛选出那些学员必须掌握的核心知识、概念、原理或事实。

（三）充分反映最新的理论成果

教师培训课程内容应该与时俱进,反映最新的理论与实践研究成果。首先是科学性。课程内容的选择必须避免错误的知识、概念、原理或事实。其次是前沿性。课程内容必须反映最新的或尖端知识的发展,陈旧的内容应排除在课程内容之外。最后是开放性。开发者应将不同的观点或解释呈现出来,不形成独断。在教育领域,很多概念和内容都不局限于一种观点或解释,因此在选择课程内容时,开发者有必要将不同的观点或解释都呈现出来,让学员受到更多的启发,有更多的收获。从这一点来说,课程开发者需要突破自身经验或知识的局限,从其他的人或书籍中获得更多的相关内容,以充实自身。

（四）具有现实可行性

课程内容的选择除了要考虑知识本身的特性,还要考虑其他相关课程因素。资源是一个重要的原则。当选择了课程内容,开发者就要依据课程内容寻找相关的资源,如教学材料、教学媒介、相关案例。如果有丰富的、可用的课程资源,就能支撑这一部分课程内容的学习。如果相关的课程资源缺乏,就要考虑删除或削减这一部分课程内容,或者通过其他的方式获得。时间是另一个重要的原则。开发者要在有限的课程时间内选择适量的课程内容,有多少时间就安排多少学习内容；要善用课程时间,明确各部分课程内容的重要性,在时间总数固定的情况下,给予最重要、次重要、一般重要的内容合理的时间配置,同时考虑各部分课程内容所需的教学活动时间,安排得当。比如,对基本概念或事实的介绍一般采用讲授法,所用时间较少,而一些操作方法或技能,需要示范、演练和小组研讨,则需要预留更多的时间。

四、课程内容选择的步骤

（一）根据课程目标要求,把学员需要学的全部知识、技能等内容列出来

前面案例中的林老师,根据课程目标要求,基于已有经验,认真查找资料,最终列出来 29 项相对独立的新任班主任必须面对的班务工作。这 29 项班务工作几乎涵盖了新任班主任的所有工作。

（二）根据课时等限制条件,确定培训对象必须学习的关键内容

林老师尝试设计了 10 课时的网络课程。她根据课时容量,在 29 项班务工作中精心筛选了 10 项新任班主任必须面对但又比较棘手或日常的班务工作,分别是"如何开展家访""如何制定班规""如何选班干部""如何召开班干部会议""如何召开主题队会""如何指导学生做好课前准备工作""如何指导学生当值日生""如何面对班级行规扣分""如何应对家长给孩子换座位的要求""如何处理意外伤害事故"。

一位小学美术老师想要开发一门以"小学美术课堂示范的方法"为主题的教师培训课程。他列出了课程目标,然后根据课程目标,筛选出了主要内容,如表 5-1 所示。

表 5-1 "小学美术课堂示范的方法"课程目标和主要内容

课程目标	主要内容
1. 了解当前课堂示范中存在的主要问题并进行思考	1. 了解当前课堂示范中存在的主要问题,思考其产生原因 2. 了解这些主要问题对教学效能的负面影响
2. 知道课堂示范的内容	1. 针对工具材料的示范 2. 针对操作过程的示范 3. 针对技能、技法难点的示范 4. 针对创意激发的示范

（续表）

课程目标	主要内容
3. 掌握在不同教学环节中示范的目标导向、方法策略和操作要点	1. 在教学导入环节中的示范 2. 在知识、技能学习环节中的示范 3. 在学生实践操作环节中的示范 4. 在展示评价环节中的示范
4. 用理论分析实际问题	1. 课堂示范中的问题分析和改进 2. 分析课例中的经验和问题 3. 对课例中的问题提出修改建议
5. 验证改进后的示范效能及教学效果，提升问题分析和改进能力	观摩改进后的课例
6. 理论分析和验证在示范中转变学习方式、在教学各环节开展有效示范的作用和成效	1. 分析、对比两次课例中示范的效能 2. 提高对有效示范的设计和实践能力
7. 用理论指导实践	给学员布置实践练习作业

必须说明的是，在实际的课程内容选择过程中，很多有经验的开发者会在确定某一课程主题之后，积极进行自主思考与自我对话，尽可能聚焦学员的需求来确定主要内容，即明确学员必须要学习与掌握的是什么。对于那些学员可以了解也可以不了解的内容，开发者可以暂时将其搁置在一边。在选择课程内容时，开发者不要一味依赖课程主题既有的理论架构来安排内容。教师培训课程的价值取向就是最大限度满足教师的培训需求，解决教师教育教学中的实际问题。

此外，开发者可以选一些学员应该了解的内容和少量锦上添花的内容。记住，开发者不可能把所有内容都选入课程。

第二节

课程内容选择与确定的方法

一、学员需求内容对应法

学员需求内容对应法是指在了解学员需求的基础上，根据学员需求确定与之匹配的内容。

例如，开发者在课前可以通过如表5-2所示的《课程需求调研表》对学员进行需求调研。表5-2中列出了两道题目，分别是"您目前的教学工作中有哪些问题需要解决"和"本次培训中您希望学到哪些知识"，并强调每人每题至少填写6项。这一方面保证了需求点的丰富性；另一方面利于开发者找到学员集中的需求点。而如果填写项过少，学员的需求点就会显得非常零散，不利于开发者找到学员集中的需求点。

表5-2 课程需求调研表

尊敬的××老师：
本区域计划于下学期邀请杨老师为大家开设××教师培训课程。为了让您更好地利用所学知识有效解决工作中的问题，提高课程的有效性，敬请您填写本表格。我们将根据您的实际需求与杨老师协商培训内容，以确保培训内容的有效性和针对性。 　　请您根据实际情况填写，并于××年××月××日前将填写好的表格反馈给××（项目负责人）。
被调研者信息　　　教龄：_____　　担任职务：_____
您目前的教学工作中有哪些问题需要解决？（请至少填写6项） 　1. 　2. 　3. 　4. 　5. 　6. 　7. 　8.

（续表）

本次培训中您希望学到哪些知识？（请至少填写6项）
1.
2.
3.
4.
5.
6.
7.
8.

　　在实际的教师培训课程开发过程中，有时开发者已经使用了《课程需求调研表》调研了学员课程需求，并根据学员课程需求确定了课程内容，可授课效果依然不太理想。其实，问题还是出在需求调研上，即开发者对调研中获得的数据信息没有进行很好的分析。很多课程需求调研表往往只要求学员列举学习需求和待解决的问题，却没有要求学员对学习需求和待解决的问题进行重要级别排序，更没有清晰分辨学员学习需求反映出的内容取向，以致开发者无法有效规划每项内容的授课时间和侧重点。

　　假设有一门以"沟通技巧培训"为主题的教师培训课程，针对《课程需求调研表》中的第二个问题，我们获得了30位学员的课程需求点，我们便可以用表5-3来进行需求信息整理。

表5-3　需求信息整理表

序号	学员学习需求	反映出的内容取向	涉及人次
1	如何有效倾听他人说话	技能、素养	10
2	如何在沟通中赞美对方	技能	15
3	如何做好沟通前的计划和准备工作	知识、技能	17
4	如何做好非语言沟通工作	技能、素养	20
5	如何把握沟通节奏	知识、技能	16
6	如何控制沟通时间	技能	9
7	对方发脾气时如何有效工作	技能、素养	19
8	如何通过对话了解对方的想法	知识、技能	13
9	如何让对方认同自己的观点	技能、素养	22

——摘自周平，范歆蓉.培训课程开发与设计[M].北京：北京联合出版社，2017.

对学员学习需求进行精细化分析,不仅能使开发者有效获得学员的课程需求点,还能使开发者通过对学员学习需求反映出的内容取向进行分析,进而开发出更为细致的内容,并为每个要讲授的内容分配授课时间。

二、课中提问和讨论法

如果开发者在课程实施前没有对学员进行过需求调研,在课程实施时发现课程内容准备得不够充分或学员对所讲内容不感兴趣,可以用课中提问和讨论的方法来获取信息,调整课程内容。

授课效果不好的影响因素有很多。在使用这种方法前,教师要在课堂中进行一个简单的诊断,以确定是课程内容问题,还是授课形式问题。诊断方法有加大音量授课、对所讲内容进行提问、对课程内容进行思想建设。

如果使用了以上三种诊断方法后,学员还是没有学习兴趣,那就很有可能是课程内容出现了问题。教师可以通过讨论来调整后续课程内容。讨论主题包括:(1)您存在哪些与本次课程主题相关的工作问题?(2)在本次培训中您希望学到哪些知识?

通过 10 分钟左右的讨论,开发者可以了解许多实际问题。在接下来的时间里,开发者可以针对讨论中学员关注的问题调整课程内容,重点解决 1 至 2 个关键问题,激发学员的学习兴趣。

三、相关资讯联想法

当开发者有了一个课程主题,但不能确定课程内容时,可以通过相关资讯联想法,先把与课程主题相关的内容全部列出来,然后再进行筛选。常用的有以下几种方法:

(一) 顺逻辑思维紧扣步骤联想法

当一个动态的课程主题产生后,开发者可根据主题中所涉及事件的发展规律,进行按部就班的联想和延伸。以种芝麻为例,在训练过程中,开发者可根据种芝麻的相关环节进行梳理,一个环节也不能遗漏。种芝麻的相关环节包括刨地—分垄—播种—浇水—发芽—锄草—施肥—剔苗—快长—锄草—开花—打叶—花谢—结果—成熟—收割—加晒—脱粒—强行脱粒—晒干—包装。[①]

---

① 周平,范歆蓉.培训课程开发与设计[M].北京:北京联合出版社,2017.

互动 2

请您以厨房装修为主题进行环环相扣的内容延伸(延伸到 20 个以上的内容),尽量避免环节遗漏或重复。

( )—( )—( )—( )—( )—

( )—( )—( )—( )—( )—

( )—( )—( )—( )—( )—

( )—( )—( )—( )—( )

图 5 - 1 厨房装修

(二)发散性逻辑思维联想法

在实际的教师培训课程开发过程中,当开发者遇到重要主题或题材,却暂时没有课程内容可讲时,就可以使用发散性逻辑思维联想法。这种方法可以一人独立使用,也可以多人一起使用,多人一起使用就类似于头脑风暴法。发散性逻辑思维联想法比顺逻辑思维紧扣步骤联想法简单、开放。

它不要求开发者控制方向和步骤,只要求开发者围绕一个主题随意联想,并将随意联想到的内容用表格的形式记录下来。围绕一个主题,开发者可能会联想到上百种东西。以教室物品配置为例进行说明,如表 5 - 4 所示。

表 5 - 4 教室物品配置

课桌	椅子	黑板	白板	投影仪	电脑
书架	书本	水笔	空调	粉笔	鼠标
储物柜	作业本	垃圾桶	海报栏	挂画	播放笔
铅笔	置物筐	窗帘	网线	挂钟	水杯
A4 纸	……	……	……	……	……

开发者在联想时,应尽量避免出现同类型的物品。在尽可能不跑题的情况下,拉大差距,避免同质,这样做既能提升开发者的发散性思维能力,又能帮助开发者针对要开发的课程主题进行信息积累。

互动 3

请您在表 5-5、表 5-6 中进行模拟训练,模拟训练时尽量避免上网查询。

表 5 - 5　公园里的植物

表 5 - 6　课堂提问的方法

四、开发者经验检索法

教师培训课程开发者一般都具备较深厚的专业经验和一定的社会经验。较深厚的专业经验和知识也是对教师培训课程开发者的要求。开发者经验检索法是帮助开发者有效挖掘沉淀多年的专业经验和知识,使其成为文字性知识的一种手段。

因此,在实际的教师培训课程开发过程中,开发者要结合自己的专业经验和知识,将一定的工作方法和技巧内化到课程中。经验检索分两个步骤。

(一) 使用第一时间闪烁法进行经验检索

这是一种发散性思维逻辑开发,即教师培训课程开发者在确定好课程主题或课程内容大纲后,第一时间进行内容填充,快速将自己当下能够想到的所有内容写下来。

教师培训课程开发者可以通过这种方式,先将自己已有的经验和素材在每个课程内容大纲下进行大致归类,再依据相关方法对每个课程内容大纲的内容进行补充。课程内容大纲补充表如表 5 - 7 所示。

(二) 使用深度搜索挖掘法进行经验检索

在快速写下自己当下能够想到的所有内容后,教师培训课程开发者应深度思考是否有需要进一步补充的内容,将潜藏在大脑深处的内容挖掘出来。具体方法如下:借助发散性思维逻辑开发,漫无边际地进行内容搜索和延伸;对表格中现有的每一个内容进行由低到高的延伸。

表5-7　课程内容大纲补充表

课程名称: 第二模块课程内容大纲名称:
第二模块课程内容大纲现有内容: 1.　　　　　　　　　　2. 3.　　　　　　　　　　4.
第一时间闪烁法(发散性思维逻辑开发): 1.　　　　　　　　　　2. 3.　　　　　　　　　　4. 5.　　　　　　　　　　6.
深度搜索挖掘法: 1.　　　　　　　　　　2. 3.　　　　　　　　　　4. 5.　　　　　　　　　　6.
查阅书籍参考法(理论知识系统的完善): 1.　　　　　　　　　　2. 3.　　　　　　　　　　4. 5.　　　　　　　　　　6.

五、查阅书籍参考法

经验固然重要,但教师培训课程开发者在开发课程时,也不能仅仅依靠经验进行检索。因为随着时间的推移,教育教学领域的理论和实践都会发生变化。如果仅仅依靠教师培训课程开发者过去的专业经验提取课程内容,却没能及时关注新的教育教学理念、政策、方法等,那么教师培训课程开发者所设计的课程内容就不具备前沿性。

理论书籍和学术期刊上的理论具有一定的权威性,可以弥补有丰富实践经验的教师培训课程开发者在系统理论知识上的不足,因此在课程内容开发时,查阅理论书籍和学术期刊至关重要。一般来说,查阅理论书籍和学术期刊不作为第一个内容搜索的方法,开发者应先使用前面几种方法,再查阅理论书籍和学术期刊,以提升课程内容的高度、深度,增强课程内容的系统性。

查阅理论书籍和学术期刊的前提是知道有哪些理论书籍和学术期刊可以参考。开发者可用以下方法获得可参考的理论书籍和学术期刊:

第一,请教相关领域的专家。如果要开发的课程主题是"如何确定课堂教学目标",开发者就要请教相关专家,在课堂教学目标领域有哪些经典的著作,有哪些权威的研究者,并在相关的网站上搜索这些研究者的学术期刊。

第二,直接在相关的购书网站(如当当网)上搜索书名中包含教学目标、课堂教学目标等关键词的书籍,然后根据"点评"来购买相关书籍。

第三,直接在专业的期刊网站(如中国期刊网)上搜索标题、关键词中包含教学目标、课堂教学目标等词语的学术论文,然后根据相关性及下载量进行阅读或下载。阅读一篇较为经典的学术论文后的参考文献也是我们获得高质量学术期刊的一种方法。我们可以把一篇较为经典的学术论文后的参考文献中提及的文章,作为重要参考资料。

六、头脑风暴法

头脑风暴法与发散性逻辑思维联想法有相似之处,不同的是,头脑风暴法更为紧凑,一般用于团队型课程开发,即有一个课程开发团队,三五个团队成员围绕解决同一个问题的目标,在较短的时间内贡献自己的知识和力量,以产生较好的结果。这种方法有多种操作步骤,下面介绍其中一种较常用的操作步骤。

第一步,每个团队成员根据课程主题,填写相关知识信息。如根据"观察幼儿的方法"这个课程主题,每个团队成员写 10 个以上的知识点,这些知识点最好有一定的结构体系。

第二步,每个团队成员交流自己写的内容。填写完成后,每个团队成员依次发言、交流,由一个团队成员在黑板或大白纸上记录每个团队成员发言的内容。在一个团队成员发言时,其他团队成员不现场打断,但可以把自己的疑惑或想法记录在纸上,待发言结束后或自由交流时提问。同时,在其他团队成员说到与自己相同的内容时,删除相同的内容,根据别人的发言内容加以补充。

第三步,团队以不批判的态度全部采纳所有成员的观点。无论是主持者还是团队成员,在他人发言时不对任何观点进行批判,以保证团队的积极性。同样,所有内容无论是否相关,是否有效,都要记录下来。

第四步,团队根据所有数据,总结出最有效的内容。这个时候,团队成员可以相互提问。为保证活动的高效和公平,可以限定每个团队成员的提问次数,如最多提问3次。这里的提问是为了帮助团队成员理解其他成员所提供的知识点,便于接下来对内容进行筛选和整理。

第五步,团队整合所有知识点,分析整合后的知识点的优缺点。在理解所有团队成员所提供的知识点后,团队对所有成员提供的内容进行整理分级,选出重要的、次重要的、不重要的内容,并确认是否有遗漏。在这一步一定要讨论出结果。在这一步,如果团队形成了一致意见,并对现有的课程内容感到满意,那么头脑风暴到此结束;如果团队觉得课程内容还有缺陷,则可以进入第六步。

第六步,团队以课程内容缺陷为突破口,以头脑风暴的形式加以改善。对第五步评审出的课程内容缺陷进行二次讨论。这次讨论的原则是不能推翻前面的知识和信息点,但可以补充,以形成最终的课程内容大纲及课程内容小节。

七、资深教师及学校经验转化法

教师培训课程开发者在课程开发过程中除了运用自己的知识和经验,还可以参考资深专家的知识和经验。参考同校或同一领域的资深专家的知识和经验,可以有效弥补开发者自己知识和经验的不足。在课程开发过程中遇到技术性问题时,开发者可以直接请资深专家进行指导或协助。这既能大幅度提升课程的操作性和有效性,又能将资深专家的知识和经验进行转化与提炼。

不管是参考资深专家的知识和经验,直接请资深专家进行指导或协助,还是转化与提炼资深专家的知识和经验,最直接有效的方式都是进行结构化访谈。引导资深专家就相关问题进行步骤性或细节性说明,并对资深专家提供的内容进行有效记录,这样才能有效获取信息资料。

学校经验的转化对课程开发者来说也非常重要。作为一线教师,课程开发者自身的知识和经验都带有一定的学校印记。可以说,学校多年来累积的知识、方法、传统、文化等在每一位教师身上都有所体现。在教师培训课程开发过程中,特别是用于学校内部的教师培训课程开发过程中,开发者可以将学校的经验整理成文字,如形成步骤、编写成教材,使之显性化、系列化,并通过培训课程传递给新教师。

每个学校都有一批专业能力非常强的资深专家,把他们的知识、经验、方法等提炼出来,编写成课程,作为固化知识传承下去,对学校来说也大有裨益。

八、跨领域知识方法借用法

教师培训课程开发者在课程开发过程中,可以充分运用跨领域知识方法,触类旁通,为课程开发带来更多的资讯和活力。

在使用这一方法时,开发者要对借用的跨领域知识方法有所选择和鉴别。开发者考虑的重点不在于形式是否相同,而在于某一项工作或任务的操作方式和特性是否相同。

比如都是讲教学中的学员参与,10 人的小班课堂中的学员参与的操作方式与 100 人的大班课堂中的学员参与的操作方式之间的借鉴意义就不大。如果是讲有效沟通的策略与方法,则教师与其他教师、学生、家长之间的沟通在很多方面可以借鉴人际交往中有效沟通的策略与方法,两者在特性上具有较大的一致性。

第三节

课程素材的搜集

培训者都希望自己的课程素材丰富新颖。做一桌美味佳肴,先要找到一堆新鲜美味的食材。同样,开发一门有深度的课程,也先要找到大量珍贵、有价值的课程素材。

┌ 互动 4 ┐

请您说说表 5-8 中的哪些课程素材是自己需要的,并将这些课程素材标记出来,思考可以通过哪些渠道获得这些课程素材(可连线)。

表 5-8　课程素材及其获得渠道

课程素材	获得渠道
成功的实践案例	专业书籍
失败的实践案例	互联网
调查或实验数据	调查研究
现状水平	业务骨干
专家观点	访谈
相关故事	个人工作经验
相关游戏	个人制作
体验活动	有关部门
相关图片	报纸杂志
相关视频	专家学者
现场演示	团队智慧
相关理论	其他:_____
相关政策	
测试题	
历史事件或人物	

完成"互动 4",然后,审视一下自己所标记出来的课程素材及其获得渠道,对自己的课程内容进行初步判断。金才兵老师和陈敬老师提醒,如果某门课程更多是从业务渠道获得,那么这门课程比较务实,但理论性、系统性和深度可能不够;如果某门课程更多是从书籍或网络渠道获得,那么这门课程可能会比较理

论化、不务实。所以,开发者需要从"外部渠道"和"内部渠道"双通路去获取大量、丰富的素材,进而开发出既务实又有深度的课程。

一、挖掘实践智慧

宝贵的实践智慧往往在优秀的教育工作者那里。这些宝贵的实践智慧是一线教师最欢迎的素材。挖掘实践智慧的步骤如下:

(一) 明确何为实践智慧

一是在具体的教育教学实践中总结出来的好做法、好方法、好思路。开发者要从不同类别的名师、名校长、优秀骨干教师那里挖掘方法、提炼经验。这些实践智慧让课程更实用、更接地气。二是真实案例、成功实践。教育教学中的问题多是处方性问题,即"如何做"的问题,这些处方多是有经验的实践者针对职业场景中的具体问题反复实践探索出来的。收集这些真实案例、成功实践能让课程更"有料"。

(二) 确定实践智慧在哪里

实践智慧往往在优秀的富有专长的教师、校长那里,在业务专家那里。我们应该了解相关主题课程领域优秀的实践专家及其特点,对那些业绩出众、善于总结自己的经验、表达能力强、乐于分享的人员进行采访。选定的实践专家应该具有图 5-2 所示的几个特点:

业绩出众,是领导或同事公认的业务能手

逻辑思维能力强,善于总结自己的经验

表达能力强,能够准确表达自己的观点、经验、好做法

乐于分享,愿意把自己的观点、经验、好做法分享给他人

图 5-2　实践专家应该具有的特点

（三）确定挖掘实践智慧的方法

通常有两种方法，一种是焦点访谈法；另一种是直接观察法。

焦点访谈法是指对教育或教学实践专家进行一对一或一对多的访谈。金才兵老师和陈敬老师总结了访谈时需要关注的几个要点：[①]

第一，目的和价值。开始前要说明访谈目的和期望，以打消对方的顾虑，得到对方的配合，使对方做到知无不言，言无不尽，避免对方不愿讲自己的观点、经验、好做法。

第二，分解与细化。提前对访谈者的相关材料进行深入分析，把访谈者的经验细化成具体的阶段、步骤或要点，由框架到细节，逐步深入进行访谈。

第三，总结与确认。每访谈一个部分，都要及时总结对方谈到的关键点，并请对方确认，保证自己的理解是正确无误的。

第四，请求与建议。使用对方的观点、经验、好做法时要征求对方的意见，得到允许后再使用。

表 5-9 中的访谈思路可供读者参考。

表 5-9 挖掘实践智慧的访谈思路

分解与细化	您从事这项工作的心得是什么
	关键环节（或阶段）有哪些
	第一步会碰到什么挑战，您是怎么做的，用到什么工具
	能具体说一说吗
	能举一些实际的例子吗
	除了以上之外，还有吗
总结与确认	我想和您确认一下，您刚才谈到的第一步，最重要的是以下几个观点（××、××、××），是吗 ……
请求与建议	非常感谢您给我们提供了大量有价值的信息，请问一下，这些经验可以放到培训资料中吗？这可以帮助很多教师提高工作效率。他们一定会非常感谢与欣赏您的

---

① 金才兵，陈敬.好课程是设计出来的[M].北京：机械工业出版社，2015.

直接观察法是指深入到资深专家的工作现场,仔细观察资深专家是如何工作的,通过观察总结出经验和方法。操作时需要关注以下几个要点:

第一,目的明确,提前做好相关资料的收集与学习工作,对专家工作进行预设,分步骤、分类型详细记录。分步骤、分类型记录表如表5-10所示。

表5-10　分步骤、分类型记录表

工作内容分解	具体工作要点	经验心得	注意事项
前期准备			
第一步			
第二步			
第三步			
……			

第二,运用必要的录音录像设备,把整体环节录下来,以备反复观察使用,同时,也可将其作为课程素材。

第三,比对关键环节,提取要点。比对关键环节中资深专家的做法与普通员工的做法,总结资深专家的经验。例如,"专家—新手"比较研究是认知心理学家研究专门领域的知识时经常采用的方法。其研究步骤大致可分为三步。首先,选出某一专门领域内的专家和新手。其次,给专家和新手布置一系列任务。最后,比较分析专家和新手分别是怎样完成这一任务的。研究结果表明,专家型教师和新手型教师在课前教学计划、课堂教学过程和课后教学评价三个方面都存在着差异。

┌ **互动 5** ┐

请您填写图5-3,把自己确定的学员需求点与搜集到的专家经验点进行链接,看看自己是否有足够的经验、方法、技巧满足学员的需求。

学员关注的关键问题　　　　　　　　专家解决的经验或技巧

1. _____　　1. _____
2. _____　　2. _____
3. _____　　3. _____
4. _____　　4. _____
5. _____　　5. _____

图5-3　学员需求点与专家经验点的链接

二、做个生活中的有心人

虽然课程素材丰富多样,获取渠道也非常广泛,但是仍有不少开发者会苦恼于"无米下锅"。要解决这些问题,在素材的收集与整理上应注意以下几点:

第一,要有自觉收集素材的意识。开发者平时在生活中就要做个有心人,无论是听到的、看到的、体验到的内容,都要有意识地问自己"这个内容,是否可以作为我今后课程或教学中的素材"。有了这样的意识,有价值的素材就很难轻易错过了。

第二,要对素材进行价值判断与归类整理。当遇到感觉有价值的素材时,开发者要思考以下问题:我为什么会觉得这个素材有价值? 它反映了什么主题? 它有什么特点? 我可以怎么使用这个素材?

第三,明确素材收集的方向。笼统地讲,素材收集有两大方向,一是经典、成型的;二是日常、随机的。经典、成型的素材指的是经由前人整理、加工之后,能够"拿来就用"的素材,包括历史类的人文故事、关键事件与案例、游戏与故事等。日常、随机的素材直接来源于人们的日常工作和生活,对于学员来说具有"高度的可比照性",能够让学员在现有资源条件下就付诸实践。这样的素材很容易唤醒学员的既有经验,能够比较广泛地激发学员的学习兴趣,从而使开发者与学员产生共鸣。

~~~~~~

互动 1 参考答案

A 老师的建议：

林老师需要把班主任班务组织与管理工作的范围和具体内容列出来。如果林老师自己也不是很清楚，可以通过查阅有关班主任班务组织与管理工作的文献资料、访谈有关人员等，把班主任所负责的所有班务组织与管理工作列出来。每项工作需要掌握的基本技能、基本策略就是林老师要培训的重点内容。

B 老师的建议：

林老师是一位资深的班主任，肯定非常了解班主任接班后亟待解决的问题，也非常清楚哪些问题是班主任工作中最常见、最棘手的。林老师应该根据班主任实际工作需求，聚焦不可避免的或紧迫的问题，不必面面俱到。林老师的时间不应花在文献查阅上，而应明确哪些问题是本次培训要重点解决的问题。

C 老师的建议是：

林老师要在两个方面下功夫：第一，抓住班主任班务组织与管理工作这个核心概念，通过文献查阅等方法明确这个核心概念的内涵、外延、具体内容；第二，针对培训对象的实际需求，确定本次培训要重点解决的关键问题，这些关键问题就是本次培训的重点内容。

案例中正在探讨的问题是课程内容的搜集与筛选问题。

第六章
培训课程内容的组织

┌ **本章核心问题** ┐

◇ 常见的教师培训课程的内容结构有哪些?

◇ 教师培训课程制作的"六线模型"是什么?

给自己 5 秒钟,看自己可以准确记住多少个字符?

$$\$ \# * \% @ @ \$ * \$ \# \& \% * @ \# \% \$ \# * \% @$$

记住的字符数量为_____个。

现在再试试另一组字符:

$$\$ \$ \$ \$ \# \# \# \# * * * * \% \% \% \% @ @ @ @$$

是不是不用 5 秒钟,就可以记住全部字符?

说明:这是笔者在金才兵老师和陈敬老师所著的《好课程是设计出来的》一书中看到的一个令人印象深刻的互动体验活动。它生动形象地说明了课程内容结构化的价值与意义。

第一节

培训课程内容结构模型

一、三段式课程内容结构

所有的培训课程基本上都按照三段式课程内容结构来布局,如图6-1所示。

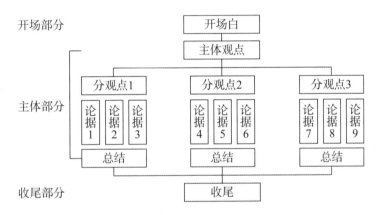

开场部分

主体部分

收尾部分

图6-1 三段式课程内容结构模型

（一）开场部分

开场部分的内容包括开场导入,引入课程,自我介绍,分组破冰,分享课程纲要等。

（二）主体部分

主体部分的内容包括联系以往经验激活旧知识,学习新观点、新方法和新技巧,应用新知识、新方法和新技能。

（三）收尾部分

总结与回顾教学内容,检查测试学员对关键知识点的掌握情况;让学员制定自己在教育教学岗位上应用所学内容的行动方案,结业。

二、课程内容组织的金字塔原理

课程内容组织是指将零散的知识素材有效聚合成点、线和面,并按照一定的逻辑顺序高度结构化、模块化,即形成课程框架的结构和内容。

金字塔原理,1973 年由麦肯锡国际管理咨询公司的咨询顾问巴巴拉·明托(Barbara Minto)提出,旨在阐述写作过程的组织原理,指明主要思想总是先从次要思想中概括出来,再由一个总的中心论点统领多组思想,由此构成了金字塔结构。在图 6-1 的主体部分,一个主体观点被分成了若干个分观点,每个分观点又有若干个论据作为支撑。这就是金字塔原理的一个典型运用与呈现。

如果按照金字塔原理来设计课程框架,那么中心论点就是课程主题,分论点就是支撑课程主题的章,子论点就是支撑章的小节。章、小节、论据分别构成了课程框架的一级、二级、三级目录。

在运用金字塔原理时,要坚持四项基本原则。[①]

(一)结论先行

这是最简单却最容易被忽视的一个原则。很多课程容易出现两个问题:一是只有内容,没有观点;二是讲了很多内容,最后才抛出观点。培训者应该提高自己的总结提炼能力,尽早提出旗帜鲜明的观点。

(二)上下呼应

上一层次观点必须是对下一层次观点的总结概括。下一层次观点必须是对上一层次观点的解释说明,要丰富其内涵,但不能交织。这里有两个关键点。

1. 上下一致

上下一致即上面的观点与下面的子论点是一致的。有些课程开发者容易忽略这一点,如图 6-2 中,在跨部门沟通这一主题下,第一个模块沟通的重要性与上一级主题之间没有直接关系,虽然跨部门沟通也是沟通的一种方式,但它更为具体,因此要对此进行调整,使第一个模块与上一级主题之间形成直接关系,如图 6-3 所示。

图 6-2 第一个模块与上一级主题之间没有直接关系的课程结构

---

① 金才兵,陈敬.好课程是设计出来的[M].北京:机械工业出版社,2017.

图 6-3 调整后的课程结构

2. 有理有据

有理有据，即要用足够有说服力的论据来佐证自己提出的观点。要做到有理有据，可尝试 PEE 模型，如图 6-4 所示。

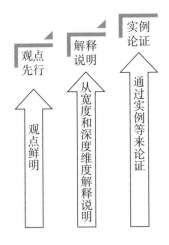

图 6-4 PEE 模型

P(Point)，即观点先行。

E(Explanation)，即解释说明，对观点从宽度和深度两种维度进行解释说明。

E(Example)，即实例论证，运用数据、实例、经验等论据来佐证自己提出的观点，没有真实可信论据的观点是立不住的。

（三）分类清楚

每个主题下的分论点都必须属于同一个逻辑范畴，即分论点 1、分论点 2、分论点 3 必须属于同一个逻辑范畴。比如在同一个课程模块中的教师，可以按照教龄来区分，也可以按照学科来区分。如果分类标准不一致，就很容易出现信息交叉、前后内容不符的情况。

（四）排列逻辑

每个主题下的分论点都必须按照逻辑顺序组织，即一个分论点放在第一位，而另一个分论点放在第二位或最后一位是有逻辑依据的。各分论点之间的逻辑关系一般有三种。第一，并列关系，如结构空间顺序(上中下、左中右等)。第二，流程先后关系，如时间先后顺序、步骤先后顺序。第三，WHY — WHAT — HOW 等递进关系。

┌ **案例** ┐

陈老师正在尝试开发一门以"小学中年级阅读教学中概括的指导"为主题的教师培训课程，该课程旨在指导培养小学中年级学生概括能力的阅读教学。

依据金字塔原理，陈老师首先确定了章节，其次确定了每个章节的重点内容。

第一步，章节分明。根据概括能力培养教育教学实践中教师出现的问题及课程主题，陈老师将课程分为三章。第一章是概括能力的界定及其重要性，让学员意识到概括能力对学生的重要意义，并了解什么是概括能力。第二章是小学中年级阅读教学中与概括能力培养相关的内容与要求，即小学中年级语文阅读教学中的哪些内容能用概括来学习？这些内容对概括能力的要求程度如何？弄清楚这些内容和要求之后，就来到第三章，如何指导学员在阅读教学中培养学生概括能力，即在小学中年级阅读教学中指导概括的方法。接下来分别为第一章、第二章、第三章匹配子论点，再逐个丰富子论点的论据。这样的设计主题突出，层次分明，有血有肉。

第二步，突出重点。在第一步完成后，需要根据具体的课程时间和目标，明确教学重点内容和次重点内容，分清主次，提高课程的有效性和学员学习的效率。陈老师将"小学中年级阅读教学中概括的指导"三章的内容进行结构化编排后，按照既定的课程目标确定课程重点章节，分配课程时间。如图6-5所示。

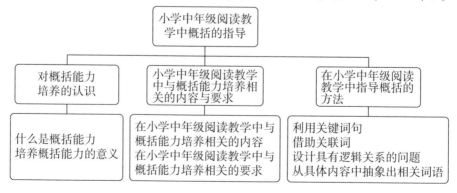

图6-5　"小学中年级阅读教学中概括的指导"课程框架金字塔结构

金字塔原理是一种思维原理或工具,协助课程开发者理顺课程内容之间的关系,并按照一定的逻辑顺序组织课程内容,可运用于各种性质培训课程框架拟定。

三、常见的逻辑结构

在章与章、节与节之间,甚至在一个小节的内部,常见的逻辑结构有三种。

（一）3W 模式结构

3W 模式即 WHY — WHAT — HOW 模式。这是按照解决问题的推理过程形成的课程结构顺序,是一种通用的课程结构顺序,适合大多数的课程结构搭建。这种逻辑结构顺序符合人们理解和接受一个新知识、新信息的思维模式。

比如,当教育变革提倡一种新的教学方式,要对教师进行培训时,我们可能会想到以下问题:(1)为什么要提倡这种教学方式? (2)这种教学方式的定义是什么? (3)这种教学方式对学生学习有什么好处? (4)与其他教学方式相比,这种教学方式的独特之处在哪里? (5)在课堂教学中,这种教学方式如何操作? (6)教师如果要运用这种教学方式需要有什么准备和转变?

以上的这些问题是否有相关性? 经过分类我们发现,这里主要涉及三大类问题:为什么—(1);是什么—(2)(3)(4);怎么做—(5)(6)。

一般来讲,这一逻辑结构顺序就是为什么—是什么—怎么做。但在实际的课程结构搭建中,也有一些变异的做法。

比如"WHY"部分会转变为遇到的困难、问题的原因、重要性、现状、背景、障碍等,"WHAT"部分会融入概念、定义、原则、要素、分类、规定等,"HOW"部分会融入方法、步骤、流程、技巧等,使各个模块和内容更贴合工作实际。

现在比较受一线教师欢迎的 P-T-C-P 模式其实就是 3W 模式的变异。P-T-C-P 模式是问题聚焦(Problem)—理论学习(Theory)—案例分析(Case)—实践应用(Practice)英文首字母的缩写。

问题聚焦即把隐含着某个问题的真实情境、案例、想象呈现出来,让学员在情境中感受问题,产生共鸣,获得兴趣,明确方向。也就是"WHY"的问题。

理论学习即剖析问题产生的原因,提供解决问题的新观点、新方法和新技巧。也就是"HOW"的问题,同时也融合有"WHAT"的问题。

案例分析即学员在培训者的引导下,应用新观点、新方法和新技巧去分析案例。也就是"HOW"的问题,可加深学员对新观点、新方法和新技巧的认知。

实践应用即学员独立应用新观点、新方法和新技巧解决自己教育教学实践中的问题。下面是上海市虹口区广灵路小学应用P-T-C-P模式组织课程内容的一个示例。

案例

如何选举班干部(节选)

第一环节:问题聚焦

[观看情境视频]

旁白:大人们为了让孩子能选上班干部想尽了办法,小孩子呢? 他们也没闲着,你看……

生1:小林,你有没有觉得××平时对同学很凶?

生2:是呀! 老师不在的时候,他老是记我的名字,还到老师那儿打我的小报告,害我经常受到老师的批评。

生1:他这么对你,这次你就不要选他当班干部了。我们是好朋友,如果我选上了班干部,绝不向老师打你的小报告。你看怎么样?

生2:那太好了!

生1:一言为定! 选上班干部我先送你一套汽车拼装模型,再请你吃你最喜欢的炸鸡翅。

旁白:面对班干部选举中学生之间的拉票现象,班主任应该如何应对呢?

[开展互动研讨]

如何面对班干部选举中学生之间的拉票现象? 请你通过论坛留言发表个人看法,不少于100字。

第二环节:理论学习

班干部究竟该如何选举? 让我们先来看看《小学班干部的标准》。

[线上自学阅读]

《小学班干部的标准》(具体内容略)

《小学班干部的选拔与培养》(具体内容略)

［观看微视频］

观看微视频《班干部选举》(班干部选举规范流程)

［推荐阅读资源］

《小学班干部选举制度》(百度文库)

《班队干部选举产生办法》

［完成在线测试］

判断：

1. 班主任秉持"民主"理念,把选举权完全交给学生。

2. 小学低年级班干部的选举应采取教师引导的方法。

3. 选举完毕,班主任还应发现和培养积极分子,尽可能使每个学生都得到担任班干部的机会,减轻班干部的负担。

4. 新接班后,班主任可以临时组建一个班委会,在班主任指导下开展工作。一个月以后,当一切步入正轨而且班主任已摸索出较为成熟的工作思路时,选出新的班委会。

第三环节:案例分析

［观看情境视频］

观看情境视频。

［开展互动研讨］

结合自学材料,分析周老师在选举过程中存在的问题,思考改进方法。

［观看案例诊断视频］

现场采访学生心目中的班干部是怎样的。

［完成在线测试］

判断：

1. 小学生年龄小,班干部选举后无须进行具体分工。

2. 对于没有当选又确有能力的学生,班主任可以通过增设小岗位的办法予以激励。

第四环节:实践应用

［实践应用及要求］

参与设计一次班级中队干部选举活动。要求如下:

1. 设计时可以从制定中队干部换届选举方案、进行中队干部换届选举动

员、确定中队干部候选人名单、举行选举仪式、成立新一届中队委员会、进行队委
会分工几个方面进行思考。

2. 针对整个设计过程中,觉得最难设计和落实的环节,谈谈自己的困惑。

3. 在选举过程中,要顾及队员们的心态和情感,把感悟最深的地方写出来。

——摘自上海市虹口区广灵路小学 2016 年市级共享课程"基于问题解决的班主任班务组
织与管理",稍有改编。

互动 2

请您根据表 6-1 右边一列的内容,在左边一列的括号里填写 WHAT、
HOW、WHY。

表 6-1 "培养学生科学素养的异常实验法"教师培训课程(节选)

课程结构	
( )	现象思考: 课前思考 在教授天然高分子化合物一章时,课本上有一个演示实验:向装有淀粉溶液的试管中加入少量碘水,淀粉溶液变蓝。 但在一次实验演示时,该溶液却变成了紫色。当教师问实验现象时,学生居然异口同声回答"蓝色"。 课后,教师就此访谈了几位学生:"刚才溶液明明是紫色,为何你们却说是蓝色?"学生一致回答:"因为书本上写的是蓝色。" 原因分析 为什么学生只认书本不认事实 教师进一步对班中学生进行深度访谈,发现了以下三种可能的原因: 1. 教师在日常教学中过分强调书本的权威性。 2. 学生提出的疑问与想法,教师常常不以为然。 3. 在实验课上,教师往往要求学生按照预设好的流程与剂量来进行实验,并要求出现与书本相同的实验现象。 在这样的环境下,也就不难理解学生这种只认书本不认事实的现象了。
( )	化学异常实验的特点
( )	开展化学异常实验教学的环节与步骤

这一结构顺序多用于注重学员观念、行为转变的内容,以让学员明确某种态度、知识或更加重视某种新的知识和行为。它的优点在于能够根据人们接受事物的习惯去表达内容,逻辑严密,说服力强;不足在于容易形成说教课程,特别是在"WHY"的部分。因此,在内容的设计和组织上,开发者要注意用隐含相应问题的情境来激发学员的兴趣,让学员产生共鸣;同时在"怎么做"上多加设计,让学员更加感兴趣。

(二) 流程模式结构

流程模式结构即按照流程、操作的步骤或时间进展阶段来设计整体课程的一种模式,如"课堂教学环节设计"课程就可以按照流程模式结构顺序进行安排,其结构可分为课堂导入、讲授新课、总结归纳、课后作业四个部分。

流程模式结构顺序可以用在课程内容大纲上,也可以用在课程内容大纲下课程小节的知识点上。比如,"造型类艺术作品欣赏活动设计的四步骤"大纲包括 4 个知识点(步骤):(1)简单描述;(2)形式分析;(3)意义解释;(4)价值判断。"功夫茶的冲泡过程"也可以按照流程模式结构顺序进行安排。

流程模式结构顺序多用于操作性比较强的内容,它的优点在于逻辑性强、环节紧凑,能吸引学员;不足在于流程本身有严密的结构,因此难以在固有的流程内容中加入其他辅助的知识和技能。为了不影响整体的格局,可以把一些辅助的知识和技能单独列出来,作为一个独立的部分。

(三) 并列模式结构

当一门综合性课程需要很多独立内容来支撑,每个独立内容之间没有严格的逻辑关系,但却共同为解决一个问题服务时,我们称其为并列结构,又称"花田逻辑"。

这种结构可以用于系列专题培训课程的设计,也可以用于课程内容大纲的设计。开发者把几个没有逻辑关系的大纲组织在一起,形成一门完整的课程。每一个大纲都能解决学员工作中的一个问题,缺一不可,无法代替。比如,"中小学教师情绪管理方法指导"大纲包括 5 个大纲:(1)"焦虑"情绪的管理;(2)"易怒"情绪的管理;(3)"低落"情绪的管理;(4)"自卑"情绪的管理;(5)"冷漠"情绪的管理。

这 5 个大纲之间没有逻辑关系,但都能指导教师正确处理教育教学中出现的问题和负面情绪,缓解教师的压力,这就是典型的"花田逻辑"大纲。这些大纲可以单独成为主题和课程,也可以组合在一起形成一门综合课程。

再如,林老师最终确定了 10 个班主任班务组织与管理课程内容大纲,如表 6-2 所示。

表 6-2 "基于问题解决的班主任班务组织与管理培训"课程整体结构

单元模块	具体内容
单元一	如何开展家访
单元二	如何制订班规
单元三	如何选班干部
单元四	如何召开班干部会议
单元五	如何召开主题队会
单元六	如何指导学生做好课前准备工作
单元七	如何指导学生当值日生
单元八	如何面对班级行规扣分
单元九	如何应对家长给孩子换座位的要求
单元十	如何处理意外伤害事故

并列模式结构的优点在于能够在最短的时间内让学员学到知识并解决问题,课程内容相对纯粹,调整内容顺序相对方便,互动性也比较明显;不足在于结构相对而言比较松散,内容前后关系不够紧密,会给人内容堆砌的感觉,不容易抓住学员的注意力。

因此,一般来说在组织课程内容时,不会在多个层次都运用并列结构顺序,建议和其他的结构顺序混合使用。比如在"易怒"情绪的管理这一大纲标题下,设计的小节内容包括:(1)教师"焦虑"情绪的表现;(2)教师"焦虑"情绪处理不当的影响;(3)面对"焦虑"我们可以做什么;(4)放松训练和任职调整的练习。

并列模式逻辑大纲的产生相对容易,即根据学员的需求进行内容配备,只要内容能够满足需求、解决问题,课程就能够成功。所以这种结构顺序一般建立在比较完善的学员需求调查基础上。找到了学员的需求,就找到了课程内容大纲的要点。

在实际搭建培训课程内容结构时,开发者一般会综合运用多种模式结构。

第二节

培训课程制作的"六线模型"

在搭建完培训课程内容结构后,培训者要将培训课程的内容结构转化为更加清晰的内容纲要。

培训课程制作的"六线模型"有助于培训课程开发者综合考量培训课程的内容结构、培训方法与手段、呈现或演示方式、时间进度及分配、辅助工具、氛围情绪等,帮助培训者把培训课程设计得有声有色。

一、"六线模型"

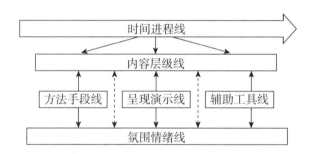

图6-6 培训课程制作的"六线模型"

培训课程制作的"六线模型"如图6-6所示。这一模型指的是培训者在设计、开发培训课程时,要围绕培训课程的内容结构,结合时间进度及分配,考虑采用何种培训方法与手段、何种呈现或演示方式,使用哪些辅助工具,营造适切的氛围,调动学员的情绪,最终确保培训课程的有效实施。[①]

时间进程线:对应内容的培训时长。

内容层级线:对应各个层级(如章、节、目)的关键内容。

方法手段线:对应内容的培训方法或学习方式。

呈现演示线:对应内容的呈现或演示方式(如图片、幻灯片、视频)。

辅助工具线:对应实施内容时需要用到的工具或材料。

---

① 廖信琳.TTT培训师精进三部曲[M].北京:企业管理出版社,2017.

氛围情绪线:对应实施内容时学员可能出现的情绪状态。

在实际编制课程纲要时,我们可以采用如表6-3所示的表格工具。

表6-3 课程纲要编制的"六线模型"

序号	内容层级线			方法手段线	时间进程线(分钟)	呈现演示线	辅助工具线	氛围情绪线
	一级目录	二级目录	三级目录					
1								
2								
3								
4								
5								

下面以"压力情绪管理"课程纲要(节选)和"基于问题解决的班主任班务组织与管理培训"课程纲要(节选)为例进行说明,分别如表6-4和表6-5所示。

表6-4 "压力情绪管理"课程纲要(节选)

序号	内容层级线			方法手段线	时间进程线(分钟)	呈现演示线	辅助工具线	氛围情绪线
	一级目录	二级目录	三级目录					
1	开场	开场	(1)自我介绍(2)开场白(3)培训纲要分享	故事:塞翁失马	5	幻灯片	故事图片	好奇
2	认识压力、情绪	初识压力	(1)压力的定义(2)压力的分类	提问、心理测试、自我分享	10	略	略	略
		初识情绪	(1)情绪的定义(2)情绪的分类	学员头脑风暴	15	略	略	略
		压力与情绪的关系	略	讲授、举例	3	略	略	略

（续表）

序号	内容层级线			方法手段线	时间进程线（分钟）	呈现演示线	辅助工具线	氛围情绪线
	一级目录	二级目录	三级目录					
3	压力的来源与影响	压力的来源	略	学员头脑风暴	15	略	略	略
		压力的影响	略	讲授	5	略	略	略
4	如何管理压力与情绪	开场	略	案例分析	45	略	略	略
		减压的方法	略	讲授、举例	5	略	略	略
		负面情绪的处理	略	讲授、举例、案例分析	20	略	略	略
5	总结	内心强大	略	讲授	5	略	略	略

表6-5　"基于问题解决的班主任班务组织与管理培训"课程纲要(节选)

序号	内容层级线			核心内容	方法手段线	时间进程线（分钟）	呈现演示线	辅助工具线	氛围情绪线
	一级目录	二级目录	三级目录						
1	如何开展家访	现象思考	观看视频	观看3个有关家访的情境视频	观看视频	略	略	略	略
			问题揭示	针对情境视频询问学员是否遇到过类似情况，如果遇到类似情况该如何应对	提问	略	略	略	略
			互动研讨	完成在线调查任务，交流家访时家长都提出过哪些要求	调查	略	略	略	略

（续表）

序号	内容层级线			核心内容	方法手段线	时间进程线（分钟）	呈现演示线	辅助工具线	氛围情绪线
	一级目录	二级目录	三级目录						
1	如何开展家访	理论学习	自主学习	推荐阅读与家访有关的制度文本，进行引导	阅读	略	略	略	略
			在线作业	完成在线判断题	测试	略	略	略	略
		案例分析	组织互动研讨	组织学员就家访准备工作、家访时机等进行互动研讨	研讨	略	略	略	略
			进行总结提炼	开展互动研讨，进行总结提炼	讲解	略	略	略	略
			概括基本步骤	概括家访的五个基本步骤	讲解	略	略	略	略
			明确注意事项	梳理家访中的各种细节问题，明确注意事项	讲解	略	略	略	略
		实践练习	实践操作	选择一个情境简单设计家访流程	练习	略	略	略	略
			反馈评价	给出反馈评价	评价	略	略	略	略
2	如何制订班规	现象思考	观看视频	观看影片《热血教师》及两个情境视频	观看视频	略	略	略	略
			问题揭示	针对情境视频询问学员对视频中类似情况的认识	提问	略	略	略	略
			互动研讨	完成在线调查任务，交流制订班规时遇到过哪些问题	调查	略	略	略	略

（续表）

序号	内容层级线			核心内容	方法手段线	时间进程线（分钟）	呈现演示线	辅助工具线	氛围情绪线
	一级目录	二级目录	三级目录						
2	如何制订班规	理论学习	自主学习	推荐阅读与班规有关的制度文本,进行引导	阅读	略	略	略	略
			在线作业	完成在线判断题	测试	略	略	略	略
		案例分析	组织互动研讨	组织学员就制订班规准备工作、班规内容的选择等进行互动研讨	研讨	略	略	略	略
			进行总结提炼	开展互动研讨,进行总结提炼	讲解	略	略	略	略
			概括基本步骤	概括班规制订的四个基本步骤	讲解	略	略	略	略
			明确注意事项	梳理班规制订中的各种细节问题,明确注意事项	讲解	略	略	略	略
		实践练习	实践操作	就所提供的班级情况材料,设计1至2条班规	练习	略	略	略	略
			反馈评价	给出反馈评价	评价	略	略	略	略

互动 3

请您认真阅读表 6-4 和表 6-5 中的案例,思考并回答以下问题:

1. 在表 6-4 中,一级目录各项内容之间存在怎样的关系? 比较符合哪种内容组织模式？二级目录各项内容之间存在怎样的关系？比较符合哪种内容组织模式？

2. 在表 6-5 中，一级目录各项内容之间存在怎样的关系？比较符合哪种内容组织模式？二级目录各项内容之间存在怎样的关系？比较符合哪种内容组织模式？

二、时间流程线的规划

在时间规划方面，美国培训大师鲍勃·派克提出了 90、20、8 原则，即 90 分钟、20 分钟、8 分钟。

（一）90 分钟

实际测验结果表明，学员能理解上课内容的时间长度为 90 分钟。到了 90 分钟一定要休息一次。否则，学员就会如坐针毡或心不在焉。在课程设计时，一个课程模块最好控制在 90 分钟以内。

（二）20 分钟

学员能记住上课内容的时间长度为 20 分钟。培训者可以把培训内容分成若干个以 20 分钟为单位长度的"时间块"。对于一个重要的知识点，完成内容讲解、学员参与、总结回顾这样一个循环所用的时间长度为 20 分钟，只有这样学员才可能对这个知识点有深入的理解。

（三）8 分钟

这就是经典的 8 分钟原则，即成年人持续听一段讲述时，能集中注意力的最长时间为 8 分钟，8 分钟后注意力很容易转移。

要解决这个问题，一种比较有效的方法就是不断变换讲授方式，如让学员动手操作、让学员用 2 分钟左右的时间思考或提问、让学员讨论某个问题、让学员说说自己从培训中学到的最有用的两个知识点，持续调动学员的积极性。

例如，在"现代公民品格培育"这门市级共享课程的开发过程中，培训者分析传统社会道德体系的特点大约用了 45 分钟。在这 45 分钟内，培训者安排了 8 个教学活动片段，采用了观看新闻视频、现场微信调研、理论解析、观看电影视频片段、资源推荐、专家观点分享 6 种教学形式。每个教学活动片段的时间长度基本都在 8 分钟以内。如图 6-7 所示。

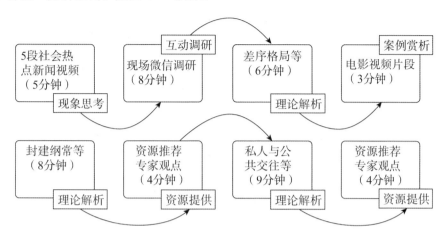

图 6-7　"现代公民品格培育"教学活动片段

在课程设计时,培训者要充分利用 90 分钟、20 分钟、8 分钟,环环相扣,使听众的情绪与思想始终处于自己的掌控之中。每个环节的设计要精妙,摸透听众的心思,带着听众完成一段特别享受的学习之旅。

三、情绪管理线的规划

互动 4

请您回想一下自己做培训时,希望学员出现的情绪或状态和不希望学员出现的情绪或状态有哪些,并填写在图 6-8 中。

希望学员出现的情绪或状态　　　　　　不希望学员出现的情绪或状态

图 6-8　互动 4 图片

这些情绪或状态可反映出学员在学习时的投入程度。

代表学员全身心参与、积极正面的情绪或状态有好奇、思考、兴奋、惊喜、喜悦、开心等。伤心、压抑、纠结、反思、哭泣等情绪或状态也是学员深度卷入学习的表现。

代表学员不感兴趣、消极负面的情绪或状态有漫不经心、坐立不安、无聊、困倦、侃大山、做与培训无关的事、对抗、睡觉等。

在课程设计时，培训者要考虑学员的情绪或状态。对学员的情绪或状态有所预设，培训者就会选择相应的授课方式去激发学员的这种情绪或状态。

理想的情况是，学员的情绪或状态随着课程内容的推进呈现波浪起伏形态，时而兴奋、时而沉思、时而感慨、时而开心，一直处于幸福、愉悦的学习氛围中。

第七章
培训教学流程的设计

「**本章核心问题**」

◇ 培训教学流程设计包括哪些环节？

◇ 培训教学流程各环节的设计要点是什么？

互动 1

请您回忆自己的培训教学活动经历,尝试写出一个完整的培训教学活动的细化环节或流程。

1. ＿＿＿＿＿＿＿＿＿＿＿＿＿＿　　2. ＿＿＿＿＿＿＿＿＿＿＿＿＿＿

3. ＿＿＿＿＿＿＿＿＿＿＿＿＿＿　　4. ＿＿＿＿＿＿＿＿＿＿＿＿＿＿

5. ＿＿＿＿＿＿＿＿＿＿＿＿＿＿　　6. ＿＿＿＿＿＿＿＿＿＿＿＿＿＿

7. ＿＿＿＿＿＿＿＿＿＿＿＿＿＿　　8. ＿＿＿＿＿＿＿＿＿＿＿＿＿＿

9. ＿＿＿＿＿＿＿＿＿＿＿＿＿＿

(参考答案见本章末)

第一节

培训教学流程设计理论

一、基于能力发展的学习理论

教师作为成人学习者,更倾向于基于能力发展的学习,如图7-1所示。[①] 教师在学习内容的意义建构、学习动机的激发与平衡、学习活动中的参与等方面都表现出更高的自主性、批判性和建构性。面向教师的培训教学流程设计只有通过互动的方式,激发教师的动力、情绪和意志,才能达到预期的教学目标。

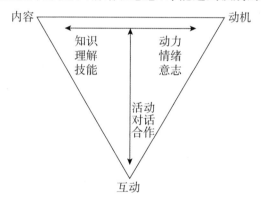

图 7-1 基于能力发展的学习

二、直导式教学过程设计理论

直导式教学过程设计理论假设参训教师能够拥有任何预订要学习的知识和技能。在直导式教学过程中,培训者要为参训教师建立一个新的认知图式,帮助参训教师将新知识与已有经验进行有效链接。

罗森海因(Rosenshine B.)是直导式教学的重要倡导者。他将这一过程分为

---

① (丹)克努兹・伊列雷斯.我们如何学习:全视角学习理论[M].孙玫璐,译.北京:教育科学出版社,2014.

六个步骤,即复习、呈现新内容、指导性练习、反馈与矫正、独立练习、定期复习。[①]

在教师培训课程中,复习环节通常采用现象思考、问题提出、案例引入等方式,唤起参训教师已有经验;呈现新内容环节通常以理论学习为主;指导性练习环节往往回到先前的案例中,对之前呈现的现象、问题、案例进行解读;反馈与矫正、独立练习、定期复习等环节则要求参训教师进行实操性应用与反思。直导式教学过程设计理论与首要教学原理有异曲同工之妙。

表7-1是一个直导式教学过程设计案例。

表7-1 直导式教学过程设计案例

教学过程	活动内容
复习	现象思考:小学生"提出问题"的现状
呈现新内容	理论学习:"问题"的概念、意义、特征与层次分类
指导性练习	案例分析:培养小学生问题意识、学会提问的课例解读
反馈与矫正	实践反思:结合自己设计的课例,练习培养小学生在研究型课程上有效提问习惯的方法
独立练习	
定期复习	完成作业

——资料来源:王惠莉.上海市虹口区教师进修学院,"问题的提出:小学研究型课程教学设计与教师辅导"脚本,2018.

三、首要教学原理

随着学习理论的兴起与发展,在系统化教学活动设计理念的基础上,教育技术与教学设计理论家戴维·梅里尔(David Merrill)等人将"学习者"的角色在教学活动设计中放大。

梅里尔言简意赅地指出,"教学设计是教学理论与教学实践之间的桥梁,它致力于回答两个问题:教什么和如何教"。[②] 在梅里尔看来,教学活动的系统设计不应局限于教师的直导式教学,要想提升学习者的学习效果、学习效率和学习参与度,还应考虑学习者的诉求、投入和主导地位。

---

① 盛群力,等.教学设计[M].北京:高等教育出版社,2005.
② 盛群力,魏戈.聚焦五星教学[M].福州:福建教育出版社,2015.

为此,梅里尔等人在总结了几十种教学设计模式之后,以学习者为教学活动的主体,概括出教学活动设计的五项原理和一个教学阶段循环圈,并称之为首要教学原理,如图7-2所示。[①]

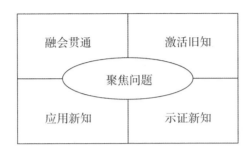

图7-2 首要教学原理

聚焦问题:当学习者在现实世界的问题情境中掌握知识与技能时,才能促进学习。

激活旧知:当学习者回忆已有知识与技能并将其作为新学习的基础时,才能促进学习。

示证新知:当学习者观察将要学习的新知识与技能的示证时,才能促进学习。

应用新知:当学习者运用新掌握的知识与技能解决问题时,才能促进学习。

融会贯通:当学习者反思、讨论和巩固新习得的知识与技能时,才能促进学习。

四、"经验培训圈"理论

根据美国心理学家大卫·柯尔柏(David Kolb)的"经验培训圈"理论,教师培训要经历四个阶段,分别是具体经验阶段、观察思考阶段、概念归纳阶段、运用检验阶段。

在实际培训过程中,培训者可以首先从体验或活动开始,让学员具体感知;其次,通过引导学员讨论或思考,让学员自己去发现事实或道理;再次,培训者讲授相关理论;最后,让学员通过练习或实际应用,巩固内化新知识与技能。

---

① (美)戴维·梅里尔.首要教学原理[M].盛群力,等译.福州:福建教育出版社,2016.

因此,教师培训教学流程设计要遵循以下几个原则:

第一,要了解参训教师的已有经验,根据参训教师的已有经验、资源设计教学方法,进而提高他们在培训活动中的参与度。

第二,要合理利用参训教师的已有经验,充分运用参与、互动、实践等教学技巧,使参训教师在培训过程中获得解决问题的知识与技能,进行相应的训练。

第三,要以问题解决为中心,围绕问题和问题解决的策略设计教学、培训和训练的方法,通过多元化的学习体验帮助参训教师解决遇到的问题,提高教师培训课程的实用性。

第四,要注重参训教师的有效组合,根据他们在成长经历、学科背景、兴趣爱好、能力水平、学习风格上的差异,灵活使用集体教学、分组教学、个性化教学等方法与技巧。

第二节

培训教学开场部分的细化流程

综合各种培训教学流程设计理论,教师培训教学流程可以细化为以下9个环节:(1)启动——引起注意;(2)预热——建立联结;(3)定向——聚焦问题;(4)铺垫——激活旧知;(5)新授——示证新知;(6)巩固——应用新知;(7)小结——回顾总结;(8)评价——测验评估;(9)迁移——实践应用。第1至3个环节为开场部分,第4至6个环节为主体部分,第7至9个环节为收尾部分。

一、启动——引起注意

回想一下真实的培训场景,培训启动前,在会议室里的学员是什么状态? 有的在跟朋友打招呼,有的在聊天,有的在吃东西,有的在看手机,有的打开电脑准备在课上完成其他工作任务。总之,只要培训者的课不够生动、有趣、吸引人,身边的朋友、手机、其他工作任务,随时准备着与培训者争夺学员的注意力与兴趣。

如何启动培训? 吸引学员的注意力与兴趣尤为重要。如何在2至3分钟的启动时间内吸引学员的注意力,是一件非常考验培训者能力的事情,培训者需要不断修炼。

金才兵老师和陈敬老师总结了吸引学员注意力的6种方法,笔者深有体会。

（一）一个演示

这种方法特别适合产品类、观念转变类课程,可让培训课程更具说服力,增强学员的认同感。

例如,在"认识你自己"这门心理辅导类教师培训课程中,培训者放了一段视频,模拟演示了一个自闭症儿童所体验到的常人的世界,迅速将学员带入一个自闭症儿童所体验到的世界,从而引起学员理解与关注自闭症儿童心理的极大兴趣。

运用演示法时,特别要注意三点。

第一,简单,易操纵,让所有人都看到。

第二,效果明显。演示的结果要有说服力,最好能出人意料。

第三,万无一失。演示一定要经过反复验证,万无一失。如果现场出现意外,就会使整场培训失去光彩。

（二）一个体验

体验可以是动手操作类的活动,可以是身体活动类的活动,还可以是团建类的活动。体验有助于激发学员的兴趣。

例如,在"系统创新思维"培训时,培训者先让学员拿出纸和笔,随机画出三个圆,再让学员观察自己画出的三个圆是否能超出培训者预设的三个圆的模式范围。学员仔细比对后发现,所有人画出的三个圆都不能超出培训者预设的三个圆的模式范围。培训者由此引出思维定式与创新的主题。

（三）一段视频

一段富有冲击力的视频很容易聚拢学员的视线。

例如,在讲"事务管理"时,培训者播放了一段来自 Eyepetizer App 的视频。这段视频讲的是,一位教授拿来一个玻璃罐子,像变魔术一样从口袋拿出几个乒乓球放进玻璃罐子里,没放几个,玻璃罐子就放不进乒乓球了。教授问学生还能放吗? 学生摇头。这时,教授从口袋拿出一些小石子,用小石子填满了乒乓球的空隙。教授问学生还能放吗? 学生摇头。这时,教授又从口袋拿出一袋细沙,并将其全部倒进玻璃罐子,玻璃罐子确实有些满了。教授问学生还能往玻璃罐子里放东西吗? 学生摇头,这时,教授又拿出一瓶啤酒倒进玻璃罐子,酒倒完玻璃罐子也正好装满了。最后,教授总结说:"人生有限,我们要首先做那些最重要的事情,如乒乓球;其次做那些比较重要的事情,如小石子……闲暇与娱乐就像啤酒,要最后才去做。"

这段视频让人印象深刻。大多数观看过的人都会终生难忘。

（四）一个事件

在分析安全类问题、心态类问题时,推荐使用事件法。

例如,在"现代公民品格培育"培训时,培训者引入了 5 个社会热点事件,如药家鑫案,引发学员对现代公民品格的思考。

（五）一个有力度的提问

一个有力度的提问是指培训者可以提出一个与众不同的问题,可以提出一个富有挑战的两难问题,还可以提出一个引人思考的问题。

如,为了让个体加深对自身价值观的理解,培训者提出了一些与众不同的问题,包括"假如让你拥有一项特异功能,你最希望拥有的特异功能是什么""假如给你一个实现愿望的机会,你最希望实现的愿望是什么"等。

再如,曾有培训者给学员出了这样一道选择题。有三个候选人,他们分别是A、B、C。A笃信巫医,有两个情妇,有多年的吸烟史,嗜酒如命;B曾经两次被赶出办公室,每天都要睡到中午才起床,每晚都要喝大约一公斤的白兰地,曾经有过吸食鸦片的记录;C曾经是国家的战斗英雄,一直保持素食的习惯,不吸烟,偶尔喝点酒,但也只是喝一点啤酒,年轻时从未做过违法的事。培训者请学员思考哪位是后来能够造福人类的人。毋庸置疑,学员都选择了C。然而学员都选择错了。这三个人都是二战时期的著名人物:A是富兰克林·罗斯福,身残志坚连任四届美国总统;B是温斯顿·丘吉尔,英国历史上最著名的首相;C的名字大家也很熟悉,阿道夫·希特勒,一个夺去了几千万无辜生命的法西斯恶魔。这道选择题旨在启发学员:"不管你过去如何,从现在开始,努力做自己一生中想做的事情,你将成为了不起的人。"

（六）一组数据

我们可以用数据客观地说明问题。例如,各种关于交通事故的数据可以让人认识到交通安全的重要性。

当然,幽默的故事、笑话或语言也是引人注意的好素材。

二、预热——建立联结

预热包括自我介绍、破冰游戏、团建活动等。通过预热,可以建立起培训者与学员、学员与学员、学员与培训主题之间的联系,营造良好的培训氛围,消除彼此之间的局促感,让学员意识到课程学习的重要意义。

许多资深的培训者都发现,学员对一节课的满意度与学员在这节课中的参与度有关。学员参与得越多越深入,感触就越多,对课程与教学的评价就越高。

培训者只有激发起学员的好奇心、好胜心与不可或缺感,才能让学员深度卷入学习。

（一）自我介绍

培训者的自我介绍是一个非常好的拉近培训者与学员之间关系的机会。在自我介绍的设计上,培训者要尽量做到别出心裁,如通过一个典故、一个故事、一首诗词或自我解嘲来介绍自己的名字,让人印象深刻。经验丰富的培训者可以总结出自己的若干特点,让学员猜猜哪些特点是与接下来的培训主题相关的,让学员说说自己与培训者有哪些共同的特点。培训者还可以介绍自己的兴趣、爱好,增添个人魅力。

当培训者首次与学员见面时,学员一般都会对培训者怀有好奇心。这时,培训者别出心裁的自我介绍会营造良好的氛围,拉近培训者与学员之间的关系。

培训者在设计别出心裁的自我介绍时,要特别注意以下四点:(1)激发学员的好奇心,让学员觉得挺有意思;(2)让学员参与进来,或思考,或动口,或动手;(3)突出自己在某个领域的专业性;(4)建立学员对自己的信心。

(二) 破冰游戏

破冰游戏能够很好地拉近学员与学员之间的关系。破冰游戏很多,培训者在选择与设计破冰游戏任务时,应注意要简单不要复杂、要有时间控制、要让全体学员都参与。

1. 游戏的时长和频率

每一小时的培训课程中,培训者可以设计一个用时 3 至 5 分钟的小游戏。下午的课程中,培训者更需要设计一个用时 3 至 5 分钟的开场小游戏,提高学员的参与度。如果是 2 至 5 天的长时段培训课程,培训者可以设计一些稍复杂的游戏任务,活动时间也可以相应延长。

2. 游戏的选择与参与

并不是所有成年人都愿意在一开始就在培训课堂中做一些他们觉得琐碎、荒诞的游戏。因此,培训者一定要避免将荒诞、耗时、低级趣味的游戏搬到培训课堂。培训者要尊重每一位学员参与或拒绝参与游戏的权利。当然,培训者还要有应对参训教师拒绝参与游戏的预案。

3. 游戏的类型与元素

游戏活动的题材应该与培训主题和教学目标有一定联系。选题应积极健康、过程安全、具有快乐性和艺术性、操作简单、能够产生一定的教育意义。[①]

破冰游戏示例

游戏名称:

合作无间。

---

① 周平.培训师授课技能手册[M].北京:北京联合出版公司,2017.

操作准备：

根据游戏分组，为每组准备一把剪刀、一张红色 A4 纸、一张白色 A4 纸、一个橡皮圈、一根尼龙绳(长 30 厘米左右)、一些废旧报纸。

操作步骤：

根据学员人数进行分组，最理想的分组方式是 3 人一组。

3 位组员排成一条直线，中间的组员交叉双手。主持人将中间组员的双手分别与其左右两旁组员的一只手用尼龙绳捆绑起来，保证此时 3 位组员共剩下一只左手和一只右手可以自由活动。

主持人发出游戏开始指令，各组开始完成以下任务：第一，用纸折一架飞机；第二，用剪刀将纸剪成爱心形状；第三，用橡皮圈将废旧报纸捆好；第四，用尼龙绳扎一个蝴蝶结。

每组有 5 分钟时间，做得又快又好的一组获胜。

应用情境：

本游戏是一个破冰游戏，可以用于人数较少(20 人以内)的培训，通过快速的小组配合活动，帮助小组成员在短时间内互相熟悉和信任，增强小组成员之间的凝聚力。

本游戏的操作任务比较简单，适合小型培训活动和小型分组活动。因为要将小组成员的双手交叉捆绑，所以 3 人一组是最佳的分组方式。如果超过 3 人一组，可能会导致一些小组成员双手被交叉捆绑后无事可做，缺乏参与感。

在游戏结束后，培训者最好让学员反思一下：(1)游戏成功或失败的原因；(2)游戏过程中小组分工的情况；(3)游戏过程中是否有小组成员意见分歧的情况，如果有，是如何解决的。进行这样的反思也是因为本游戏的操作任务难度不高，可能会出现小组成员只顾着完成任务、没有进行合理分工的情况。加强反思，可以增强小组成员的参与感和获得感。

在经费和材料允许的情况下，可以将 4 个简单的操作任务换成 1 个较高难度的操作任务，如拼 1 个乐高模型，在拼乐高模型的过程中，小组成员在看图纸、找材料、拼图形等方面会有更加明确的分工与合作。

（三）团建活动

团建活动是开场环节常用的一种破冰方法。它的目标是通过有趣的团建活动,让学员迅速相互认识,调动学员的积极性,使他们快速进入学习状态,在此基础上,完成班级分组,确定每一组的领导班子和团队成员,初步形成融洽的团队氛围,为后续的分组训练活动做好准备,激发各组成员之间的竞争意识,提升组内成员的合作能力。

团建活动的主要任务是选队长、起队名、认识团队成员、定口号、制作队标(Logo)、画队旗、编队歌等。

此时,培训者的指导语可以是:"一个学习型组织的建立少不了队长和团队成员的组合。那么,请各团队先选出一个队长,再起一个队名,最后定口号和制作队标。好,给大家3分钟时间完成这项任务。"

在3分钟时间到了后,培训者请各团队依次展示本团队的成果。展示结束后,有必要增加一个讨论环节,即让各团队分享在选队长、起队名、定口号、制作队标过程中是否做到了全员参与,他们是如何制定工作流程和分工协作的,他们是否应用了其他好的办法完成任务,这个游戏是否激发了本团队成员的团队荣誉感等。

三、定向——聚焦问题

梅里尔指出,当学习者在现实世界的问题情境中掌握知识与技能时,才能促进学习。教师学习最好的途径就是基于实际教育教学情境的实践和反思。当不能直接让学员置身于真实情境中时,培训者可以先将问题情境化,让学员在对问题情境的感悟与思考中领悟问题,再适时点题,说明本次培训重点解决的问题。聚焦问题的方法很多,包括呈现现象、问题调查、开门见山。

(一)呈现现象

通过一个案例、一个真实的事件、一个故事、一组数据、一个实验、一个演示等呈现某个隐含着问题的现象,让学员一边学习一边思考,感悟到问题的严重性,从而产生解决问题的迫切需求。

培训者呈现现象时要注意:现象一定要能够揭示出所要解决的问题;现象一定要吸引人或打动人。

「 故事 」

"教师培训项目的周期与阶段任务"课程故事导入——扁鹊的医术

故事讲述:

扁鹊是历史上赫赫有名的医生。可是,扁鹊却认为他的两个哥哥比他有名得多。这里大家可能会有疑问,如果他的两个哥哥比他有名得多,为什么大家对他的两个哥哥一无所知呢?

春秋战国时期魏国的魏文王同样也有这样的疑问。扁鹊十分惭愧地解释道:"我治病,是在人家病情最严重之时。一般人看到我做在经脉上扎针放血、在皮肤上敷药等大手术,就以为我医术高明,因此,我的名气响遍全国。我二哥治病,是在人家病情初起之时,一般人以为他只能治小病,所以他的名气就在方圆几里之内。我大哥治病,是在人家病情发作之前,一般人不知道他事先能铲除病因,所以觉得他水平一般。但在医学专家看来,我大哥水平最高,二哥水平次之,扁鹊我水平最低。"

——资料来源:倪杰.管理学原理[M].北京:清华大学出版社,2002.

故事思考:

(1) 为什么人们记住了扁鹊,而不是他那两位医术高明的哥哥?

(2) 什么是处理问题最有效的方式?

故事启示:

的确,人们在认识事物时,往往不会留意事物的起因及初步的发展过程,只有当事物发展到无法控制的地步时,才会意识到事态的严重性,加以重视并寻求解决办法。因此,在历史的长河中,人们只记住了救人于水火的扁鹊,却不曾对他的两位哥哥留下印象。实际上,处理问题最有效的方式是加大预防力度,治病于未发之前,像扁鹊的大哥那样;发现苗头性问题,治病于初起之时,像扁鹊的二哥那样。

治病是这个道理,教师培训项目管理也是这个道理,都要做好事前、事中、事后控制。正所谓,事后控制不如事中控制,事中控制不如事前控制。从酝酿、计划开始,每一步都按照程序办,踏踏实实,并在这个过程中预见问题,防范问题,发现问题的端倪及时调整,必然能达到预期的目的。

故事作为培训课程的开场可以有多种选择。培训者应该选择有意义的,与课程主题、教学目标、现场状况相匹配的,能引发学员深思的故事。

故事开场应满足何时、何地、何人、何事、何故5个要素。何时的表述要开门见山,引起学员的注意;何地的表述要尽快进入场景,明确想要表达的主题;何人的表述要有名有姓,才能显得故事真实;何事的表述应尽量具体化、细节化,使学员融入故事情节;何故的表述要实现参训教师的心理释放。①

（二）问题调查

在正式教学之前,培训者可以通过以下几种方法再次调查学员关注的问题,了解学员的水平与困惑点,激发学员的兴趣,让学员进入学习状态,根据学员的问题,对课程进行弹性调整。

1. 直接询问法

直接询问学员对培训的期望,并在白板上记录下来。这种方法有助于培训者快速了解学员的具体需求,对课程进行弹性调整。

2. 问题篮法

请学员把自己最困惑的问题写在便签条或记事贴中,并贴到墙上的问题篮或问题树上。培训者统计学员的问题,形成一个问题清单。这种方法能够帮助培训者直观、形象地了解学员关注的问题。

3. 学员标星法

请学员翻看学员手册或课程内容单,找出自己最感兴趣的4至5个地方,在上面标星号;小组共同选出最感兴趣的4至5个地方;在课堂上每个小组依次进行问题分享。

（三）开门见山

直截了当地介绍培训课程的主题、目标和预期成效。

如,要开设一门"教师培训者的培训"课程,培训者可以这样开场:"大家早上好! 今天我们来交流'教师培训者的培训'。这门课程的提纲已经发给大家了,现在我们直接进入课程部分。"

在网络课程中,受视频时长的限制,直接进入主题的情况非常多。如网络课程"新时期职初班主任工作入门",主讲教师直接切入第一单元第二课"班干部会议组织和落实"这一主题,介绍课程学习目标。主讲教师是这样开场的:"一次成功的班干部会议不仅要做好会议前的准备工作,还要做好会议过程中的组织工作和会议结束后的落实工作。这节课,我将和大家一起学习第一单元第二课'班干部会议组织和落实'。这节课的学习目标是熟悉班干部会议的组织环节、掌握落实班干部会议的方法。"

---

① 熊亚柱.手把手教你做顶尖企业内训师:TTT 培训师宝典[M].北京:中华工商联合出版社,2016.

　　启动——引起注意、预热——建立联结、定向——聚焦问题都属于开场部分。不管用哪种方法开场，培训者都要注意三点：(1)一定要简洁利落，最好在 2 至 3 分钟内完成；(2)一定要有冲击力，让学员过目难忘；(3)一定要与主题高度相关，选择的素材一定要与课题相匹配，不能因为是个好素材就滥用。

┌ **互动 2** ┐

　　请在表 7-2 中列出您喜欢的或印象深刻的培训教学开场方法，并简要说明这些开场方法吸引您的理由。

表 7-2　互动 2 表格

序号	您喜欢的或印象深刻的培训教学开场方法	理由

第三节

培训教学主体部分的细化流程

开场过后就进入每个关键点的讲解，要使学员真正理解、内化每个关键点，培训者可以使用铺垫——激活旧知、新授——示证新知、巩固——应用新知三个环节。

一、铺垫——激活旧知

教师一般都具有一定的阅历与经验。梅里尔指出，就具体内容而言，当学习者回忆已有知识与技能并将其作为新学习的基础时，才能促进学习。因此，培训者在讲解每一个重要的知识点时，都应把学员有关这个知识点的已有经验或知识储备调动起来。

调动学员已有经验或知识储备的方法很多，如本书每章互动活动中所应用的自我评估法、测验法、案例分析法、提问法、复习法、讨论法。

就学员关于新知识的已有经验而言，大概可以划分为三种情况。第一种，学员空杯，学员对新知识的了解非常少；第二种，学员满杯，学员对新知识非常了解；第三种，学员半杯，学员对新知识有所了解，但又了解得不够深入。

对不同状态的学员，培训者要有针对性的策略。对于第一种学员，培训者可让其联系以往的生活经验，建立起学习信心；对于第二种学员，培训者可给予适度的挑战，让其沉下心来进入学习状态；对于第三种学员，培训者可直击问题，请其回答关于该知识点的问题。

二、新授——示证新知

梅里尔指出，当学习者观察将要学习的新知识与技能的示证时，才能促进学习。他指出了示证新知识的三个关键点：（1）紧扣目标施教，即围绕教学目标展开论证与展示；（2）提供学习指导，即提供从事例到概况的指导；（3）善用媒体促进，即运用多种媒体手段提升教学效果。

┌ 互动3 ┐

请根据您的经验,对表7-3中不同难度的教学任务及其适用的教学方法进行连线。

表7-3 互动3表格

不同难度的教学任务	适用的教学方法
难度较低	体验法
难度中等	讲授法
难度较高	举例法
难度最高	演示法

实际上,对于不同难度的教学任务,并没有绝对固定的匹配方法。对于某些难度较高的教学任务,有时还需要运用多种教学方法。

相对而言,难度较低的教学任务多使用讲授法,难度中等的教学任务适合使用举例法,难度较高的教学任务适合使用演示法,难度最高的教学任务最好使用体验法。关于示证新知的方法,会在第八章重点详细讲解。

三、巩固——应用新知

梅里尔指出,当学习者运用新掌握的知识与技能解决问题时,才能促进学习。关于应用新知,有三个关键点。

第一,紧扣目标练习,即围绕目标展开练习。

第二,逐渐放手练习,即随着学习者对任务熟练程度和自主能力的提高,培训者逐渐放手让学员自己练习。

第三,变式练习,即围绕核心知识点,举一反三进行练习。培训者应该按照循序渐进、由浅入深、由简到繁的原则,根据学员的程度逐步提升练习的难度和复杂程度。

应用新知的方法很多,包括案例分析法、操作演练法、问题解决法等。这些会在第八章详细讲解。

此外,在正式实施环节,培训者可以灵活使用多种培训教学活动模型,使培训更加有效。

第一，ADA（活动—讨论—运用）模型。先开展一个活动；再讨论活动是怎么开展的；最后考虑如何将活动所学知识加以实际运用。

第二，ETA（体验—理论—认知）模型。先让学员体验；再告诉学员背后的原因或道理，从而使学员形成一定的认知。这种模型的变式还有体验—认知—理论和理论—体验—认知。

┌ **互动 4** ┐

在以色列 SIT 创新思维培训课程中，有这样一个教学活动设计，请您在横线上填写其运用的教学活动模型：＿＿＿＿＿＿＿＿＿＿＿。

第一，培训者以一个服务型产品酒店入住程序为话题，把每个入住程序写在一张卡片上，打乱顺序后，给每个小组发一套。先让大家按照实际入住程序给每张卡片排序；再让大家根据自己期待的入住程序给每张卡片编号，同时要说出这样做的好处及其可行性。讨论时，有些学员想先拿钥匙，有些学员想直接到房间……

第二，小组汇报结束后，培训者先请大家思考并讨论刚才的活动是怎么开展的，具体步骤是什么，再说明系统创新思维除法工具的内涵与运用步骤。

第三，培训者引导每个小组针对本组的教师培训工作，拟定一个共同感兴趣的培训主题，写出培训活动步骤，并给每个步骤编号，然后根据期望重组步骤，描述这是一个什么样的产品，这个产品的好处是什么，在实现的过程中会遇到哪些障碍，如何克服这些障碍等。

第四节

培训教学收尾部分的细化流程

在收尾部分,有小结——回顾总结、评价——测验评估、迁移——实践应用三个环节。

收尾是教学活动非常重要的组成部分。有韵味、有回味的收尾技巧,可以提高学员对教学活动的整体满意度,保持学员积极的"在场感"。[①] 大卫·苏萨在《大脑学习原理》一书中指出:"收尾活动通常是学员最后的机会,它给全新的学习过程增添感受与意义。"[②]好的教学收尾会帮助学员进行新知构建、正向回味、行动升华。

教学收尾时最忌讳三种现象:(1)戛然而止,即"好的,我们今天的课程就到这里吧,谢谢";(2)陈词滥调,即"感谢××单位、××领导邀请我为大家分享××主题,××领导非常重视这个主题,希望××单位能够越办越好";(3)单调反复,即"我们来总结一下这次课程的内容……希望大家回去都好好练习。说到这里,我们还需要总结一下今天讲过的几个原则……哎呀,大家还记不记得讲解这些原则时使用的案例呀,我们再来复习一下"。

一、教学收尾设计的原则

设计教学收尾时应遵循以下几个原则:

第一,要总结教学要点、回顾课程全貌。在课程尾声,培训者应该帮助学员复习整个课程内容,梳理新的知识逻辑。此时,既可以采用培训者直接总结教学要点、回顾课程全貌的方式,也可以由培训者或学员所组成的各个团队对课程内容的逻辑框架图进行梳理和总结。

第二,要升华课程价值、激发应用动机。教师培训课程最重要的价值就是帮助参训教师解决教学工作中的实际问题。因此,在课程进入尾声时,培训者应该

---

① 王伟芳.峰—终定律在课堂教学中的应用[J].教学与管理,2017(9).
② (美)莎朗·L.波曼.4C颠覆培训课堂:65种反转培训策略[M].杨帝,译.北京:电子工业出版社,2018.

再一次强调课程内容能够在哪些领域应用,能够解决学员哪些工作问题,加深学员对课程内容与实际工作关联度的印象,促进学员思考何时、何地、何处运用新习得的知识与技能。

第三,要设计实践作业、推动实操演练。教师培训课程的结束事实上意味着学员自主运用课程知识与技能处理教学问题的开始。

因此,在教师培训课程结束时,培训者应该为学员布置具体的实践作业,实践作业要求越具体越好,以推动学员回到工作岗位之后进行实操练习。

二、小结——回顾总结

回顾总结部分一般要做两件事。第一,总结回顾所有知识点,加深印象。第二,测试评估,检验学员是否达到培训目标。

就知识点的回顾而言,以下提供了一些比较有趣的方式,供读者参考。

(一)抢答竞赛

在抢答前,让学员回顾所学知识点,然后由培训者提出问题,学员以个体或小组为单位进行抢答。答对的加分,答错的扣分,引导学员想好了再回答。

(二)车轮站

在强化某些关键知识点时,可以运用车轮站法。具体操作步骤有三个。

第一,以小组为单位,每个小组都要针对关键知识点出 10 道左右的题目。

第二,组与组之间竞赛,规则如下:一组出题,另一组来回答,每一组都有出题与答题的机会,形成车轮站;答题组答题正确可以加分,答题错误或答不出,则出题组获得加分机会;答题有时间限制,超出规定时间未答出即为答错;不得重复其他组出过的题目;每位组员都只有一次出题机会和一次答题机会,不得重复回答。

第三,可进行 2 至 3 轮比赛。

(三)卡片抢答

给每位学员或每组学员一些空白卡片,请学员及时复习所学知识点,并把关键问题写在卡片正面,把答案写在卡片背面;培训者收集所有卡片,念卡片上的题目,请学员抢答,答题正确加分,答题错误扣分,直到所有学员都抢答过题目为止。

(四)游学考察

请每个小组在白板纸上写下所学到的知识点,并用序号标明,写得越多越好,写完后张贴起来;每个小组轮流到其他小组的白板纸前去游学考察,把对方没有写全的知识点在其白板纸上标注补齐,把对方想到自己没有想到的知识点记录下来;回来后在本小组白板纸前查看补齐相关知识点,并分享游学心得。

（五）学习日志

学习日志是一种由培训者主导的总结性活动。培训者以团队研讨或个人总结等形式,对之前所有培训教学内容进行复习、梳理,进而提高学员的认知和感知水平。

学习日志是一种类似于日记的书面总结,可以采用文字书写等方式进行记录,也可以采用流程图、概念图等方式进行展示。

培训者提前将学习日志的使用说明印在卡片上、白纸上、幻灯片上,现场发放给学员,要求学员创造性地填图并现场展示。

┌ 互动 5 ┐

请用5分钟进行小组讨论,对本章的重点内容进行总结,并填写在如图7-3所示的学习日志中。

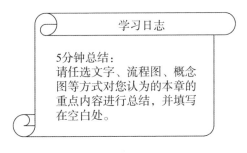

图7-3　学习日志

三、评价——测验评估

为检验教学目标的达成度,可以运用一系列测验评估的方法。测验评估的方法,将在第九章详细论述。

四、迁移——实践应用

所有培训的最终目的都是为了让学员能够在思想与行为上发生变化。在培训的收尾环节,一定要引导学员思考如何在自己的工作岗位上应用培训所学。

有多种方法可以供培训者参考。

（一）5—3—1 行动计划

每位学员都应思考 5 个本次培训的收获、3 个未来实践应用的计划、1 个回去后立刻要做的事情；与身边的一位同伴分享自己的 5—3—1 行动计划；被分享者给分享者一个鼓励，并祝对方早日达成目标。

（二）行动计划分享

每位学员都应形成一个未来实践应用的行动方案；在全班分享自己的行动方案；培训者在每位学员分享后给予鼓励。

（三）分享愿望，建立心锚

每位学员都应说出一个要达成的愿望，并给出一个实现愿望的时间期限；学员说出愿望后得到一份特别的礼物，这份礼物就是激励学员的一个心锚。

（四）毕业典礼

要让所有学员都参与进来；设计颁奖环节；场面要温馨、快乐，让所有学员享受这一刻，如培训者给学员发巧克力，但学员不能吃自己的巧克力，而是要将自己的巧克力喂给"从他/她身上学到最多"的学员。

互动 1 参考答案

1. 启动——引起注意   2. 预热——建立联结

3. 定向——聚焦问题   4. 铺垫——激活旧知

5. 新授——示证新知   6. 巩固——应用新知

7. 小结——回顾总结   8. 迁移——实践应用

9. 升华——融会贯通

培训教学流程的设计过程是通过一套系统化程序来解决教与学问题的过程，是支撑课程开发与实施的"脊骨"。本章主要探讨针对某一个单元、某一节课的具体教学操作环节的设计。

第八章
培训教学方法的设计

「**本章核心问题**」

◇ 培训教学方法的种类有哪些?

◇ 不同教学方法设计与使用的要点是什么?

互动 1

请想象一下，在培训中，当培训者持续讲授一个概念或观点时，您保持聚精会神状态的时间大约是多长？请在相应的选项上打"✓"。

A. 4 分钟　　　　　B. 8 分钟　　　　　C. 15 分钟　　　　　D. 30 分钟

注：经数据统计，一个成人坐在位置上保持聚精会神状态的时间大约是 8 分钟，而一般一次培训少则持续 1 小时，长则持续 1 天。如何才能让成人持续专注学习 1 小时，甚至 1 天呢？这就需要培训者不断变换教学方式，不断创新学习方式，让成人不断受到刺激、挑战，诱发成人注意、思考与参与。

第一节

讲授型教学方法的设计

在教师培训教学中,常见的教学方法很多,如直接讲授法、分组讨论法、案例分析法、角色扮演法、情节体验法、头脑风暴法、行动学习法、六顶思考帽法、世界咖啡法。鲍勃·派克总结了 37 种高效的培训方法,如表 8-1 所示。①

表 8-1　37 种高效的培训方法

1. 头脑风暴	2. 小组划分	3. 案例分析	4. 黑板/白板
5. 图表	6. 交谈	7. 辩论	8. 演示
9. 讨论	10. 实地考察	11. 电影/视频	12. 幻灯片
13. 示教图	14. 填字游戏	15. 面谈	16. 实验室
17. 讲座	18. 路线图	19. 备忘录	20. 典型例子
21. 新闻文章	22. 实物展示/教学	23. 投影	24. 座谈
25. 图片学习	26. 问题解决	27. 项目计划	26. 测试
29. 问答	30. 报告	31. 复习回顾	32. 角色扮演
33. 小品短剧	34. 讲故事	35. 研讨会和论坛	36. 见证分享
37. 模拟实验			

选择与设计教学方法要遵循一些原则,如要与教学目标紧密联系、要与学员的旧知新解产生联结、要尽量实现大面积互动、要注意学员的认知负荷。

一般来看,教师培训课程主要分为开场、正式实施和收尾 3 大环节。开场和收尾环节在第七章讲解较多。本章重点分享正式实施环节的一些教学方法。

很多企业培训专家,将教学互动模式分为 3 种,即讲授型、训练型和引导型。这种分类方法同样适合教师专业发展培训课程。② 从操作难度上看,讲授型、训练型和引导型这 3 种教学互动模式的教学方法是层层递进的,对培训者的教学设计能力、教学技术、教学艺术、控场能力、引导能力等都有不同水平的要求。3 种教学互动模式的比较如表 8-2 所示。

---

① (美)鲍勃·派克.重构学习体验——以学员为中心的创新性培训技术[M].孙波,庞涛,胡智丰,译.南京:江苏人民出版社,2015.

② 段烨.培训师的差异化策略:8 条路径提升核心竞争力[M].北京:北京联合出版公司,2014.

表 8-2　3 种教学互动模式的比较

教学互动模式	培训者/学员互动比重	互动主体	教学方法	教学能力要求
讲授型	80/20	培训者为主	演讲法、讲授法、公开课法等	演讲、表达、演示等
训练型	50/50	对等	案例分析法、角色扮演法、情境教学法、体验教学法等	控场、点评、案例呈现等
引导型	20/80	学员为主	行动学习法、世界咖啡法、焦点讨论法、六顶思考帽法等	引导、应变、提炼、萃取、催化等

一、讲授教学

讲授教学是教师培训课程中最传统的教学方法,它是指授课教师通过运用语言技能与专业知识,系统地向参训教师传授教学内容。常见的讲授教学包括灌输式讲授、启发式讲授和点评式讲授三种模式,如表 8-3 所示。[1]

表 8-3　讲授教学的三种模式

模式	活动形式	优点
灌输式讲授	授课教师在台上讲解,参训教师在台下听讲、记笔记。信息完全从授课教师一方输出,参训教师被动输入	这种模式不需要参训教师的参与,授课教师主要依靠精彩的培训内容和良好的口头表达能力吸引参训教师的注意力
启发式讲授	授课教师以提问的方式让参训教师思考和回答,然后进行总结,避免灌输式讲授的一讲到底	这种模式中授课教师与参训教师有一定的交流,授课教师要善于提问和引导参训教师思考
点评式讲授	授课教师在课前将讲义、教学材料、教学目标等发给参训教师,参训教师提前预习并完成学习任务,培训时授课教师讲解重点、难点以及参训教师疑惑的问题	这种模式可以提高参训教师参与培训活动的积极性,提高参训教师解决问题的针对性,而且在授课教师与参训教师的互动过程中可能产生生成性的知识、问题等

---

[1]　余新.教师培训师专业修炼[M].北京:教育科学出版社,2012.

讲授教学最大的优势是可以提高教师培训课程的经济效益。授课教师同时向 40 位、100 位甚至 200 位参训教师传授知识,有利于教学内容输出效率的最高化。

当然,讲授教学的不足之处也有很多,最典型的一点就是参训教师要接受"被动学习"。受参训人数、教学场地、教学形式的限制,讲授教学很难真正实现授课教师与参训教师之间的交流、互动和反馈。特别是冗长拖沓的理论学习,更容易让参训教师产生抵触情绪、对教学内容缺乏直观认知。因此,讲授教学对授课教师的专业水平、讲授技巧和人格魅力都有非常高的要求和非常大的挑战。

二、论证教学

以成人作为主要教学对象的教师培训课程,其很多教学目标和教学内容已经超越了简单的新知识传递,而是强调在参训教师已有知识和经验基础上进行事实性论证或证实性纠偏。因此,授课教师可以采取论证教学方法。论证教学是一种以观点论证为核心,以授课教师为主导的研讨教学。

论证教学要想有效实施,需要满足以下三个条件:(1)论点明确;(2)论据充分;(3)论证符合逻辑。常见的论证教学形式包括 AGC 模式、AG 模式和 GC 模式,其中 A(Argument)代表论点,G(Grounds)代表论据,C(Conclusions)代表结论。[1]

从逻辑上看,AG 属于演绎模式,即先提出论点 A,再阐述理由 G;GC 属于归纳模式,即先列举案例和现象 G,再推导出结论 C;AGC 模式则属于演绎模式与归纳模式的综合运用,既有论点陈述,又有论据支持,并且得出结论。对于论证教学来说,授课教师对论据的选择尤为重要,论据要真实、以理服人。论据的类型有很多,包括事实、新闻、故事、说明、统计数据、名人名言、经典著作、示范案例等。

「案例」

逻辑思维培训中的论据呈现——爱因斯坦说"逻辑"

[论据]

在课堂上,爱因斯坦问学生:"有两位工人在修理老旧的烟囱,当他们从烟囱

---

① 段烨.培训师 21 项技能修炼(上):精湛课程开发[M].北京:北京联合出版公司,2018.

里爬出来的时候,一位很干净,另一位却满脸满身煤灰。请问你们谁会去洗澡呢?"一位学生说:"当然是那位满脸满身煤灰的工人去洗澡了!"爱因斯坦说:"是吗?请你们注意,干净的工人看见另一位满脸满身煤灰的工人,他会觉得从烟囱里爬出来真是肮脏。另一位看到对方很干净,就不这么想了。我现在再问你们,谁会去洗澡呢?"另一位学生很兴奋地发现了答案:"哦!我知道了!干净的工人看到肮脏的工人时,觉得自己必定也是肮脏的。但是肮脏的工人看到干净的工人时,却觉得自己并不肮脏啊!所以一定是那位干净的工人跑去洗澡了。"

爱因斯坦看了看其他学生,所有的学生似乎都同意这个答案。只见爱因斯坦慢条斯理地说:"这两个答案都是错的。两人同时从老旧的烟囱里爬出来,怎么可能一个是干净的;另一个却是肮脏的呢?这就叫'逻辑'。"

[结论]

当一个人的思路受到牵绊时,他往往就不能十分清晰地找到一切事理的根源。要想找到"逻辑",就要跳出"习惯的桎梏"、避开"思路的陷阱"、逃离"认知上的迷雾"、矫正"性情上的执着",就要脱离一切人为的布局。

——资料来源:段烨.培训师 21 项技能修炼(上):精湛课程开发[M].北京:北京联合出版公司,2018.

训练型教学方法的设计

一、案例分析教学

案例分析教学源于 20 世纪初哈佛大学创造的案例教学法。它围绕一定的培训目的把真实的情境加以典型化处理,形成供参训教师思考、分析和决断的案例,案例可以通过文字、视频和现场展示等形式呈现。授课教师通过让参训教师对案例进行独立研究或者团队讨论的方式,来提高参训教师分析和解决问题的能力。[①]

案例分析教学的优势是不仅能够调动参训教师的主动性和参与度,让授课教师通过案例分析获得参训教师认知力与注意力上的及时反馈,而且因为案例呈现生动具体、直观易学,能够激发参训教师对已有经验的回忆,增强事件发生与处理的临场感。不过,案例分析教学也存在一些不足之处,如案例来源比较有限、分析过程容易出现主观臆断的现象、对参训教师概括归纳能力和授课教师控场引导能力的要求都比较高。

目前,一些网络互动型的教师培训课程经常先使用案例视频来呈现一线教学工作中的重难点问题,再使用一组教师的研讨视频来呈现教师群体对该案例视频的现象解读、问题归纳、解决路径等。学习这些网络课程的参训教师可以通过观看视频中的分析过程,同步思考,形成自己的分析思路,掌握解决相似问题的方式方法。

「案例」

一节公开课引发的思考:寻找知识间的联系

[案例导入]

许老师:各位老师,在之前的案例中,我们已经发现,缺乏多向思维的培养,

---

① 余新.教师培训专业修炼[M].北京:教育科学出版社,2012.

将会使学生的思维走向僵化,从而不利于学生进行知识间的正向迁移。我这里还有一个案例,请大家来看一看,这位教师在课堂中是否注重培养学生的多向思维呢?

(幻灯片出示文字)

[案例呈现]

(教师出示题目)

20米,每隔5米种一棵,共种几棵?

师:这道题目你们会做吗?

生(部分):这道题目有问题。

师:什么问题呀?

生1:这道题目既没有说两头都种,也没有说一头种另一头不种,还没有说两头都不种。

生2:我也是这么觉得的。

生3:我同意。

(幻灯片出示文字)

于是课堂陷入了僵局。虽然这位教师试图解释给学生听,他的目的是希望让学生尝试使用其中一种方法来进行计算,学生仍然认为,面对条件不完整的题目,他们无能为力。

[第一次案例分析]

许老师:卢老师,你怎么看这一环节的教学?

卢老师:很明显,在这节课伊始,教师对学生的学情并不是很了解。从学生的回答中,我们可以知道,学生对植树问题并非一无所知,生活中的观察、课后的习题都是他们接触此类问题的途径。教师在这里试图通过一道是非问题来培养学生的多向思维,并不合适。

许老师:确实如此。课后,这位教师对自己这一环节的教学进行了反思,他也意识到正是自己"这道题目你们会做吗"这一不恰当的问题,引发了学生的误解。于是,他在第二次执教时对这一问题进行了改进,以帮助学生拓宽思维。让我们再来看一看这位教师的执教过程。

(幻灯片出示文字)

［回到案例］

（教师出示题目）

20米，每隔5米种一棵，共种几棵？

师：这道题目你们别急着回答，先小组讨论一下，并画一画可能的情况。

（幻灯片出示文字和图片）

于是学生以小组为单位进行了思考和回答。教师通过巡视课堂发现，学生在思维碰撞下，不断完善自己对问题的理解，回答的答案也从单一到多元。这体现了学生思维的多向性。

［第二次案例分析］

许老师：在这次执教过程中，我们发现，这位教师通过协同学习小组的形式，不仅引发了学生的思维碰撞，从而拓展出植树问题的三种模型，即两头都种、一头种另一头不种和两头都不种的情况，同时，还引导学生通过画一画，寻找模型中的数量关系，为今后的问题解决打好了知识基础。

姚老师：我们知道，植树问题不仅是一类在一定的线路上，根据总路程、间隔长度和棵数进行植树的问题，它还可以拓展延伸到生活中的其他问题上，如走楼梯、剪绳子、砍木头。那么该如何帮助学生寻找这些情境问题与植树问题之间的联系呢？

［由案例联系主题、引发思考］

许老师：姚老师说得没错，多向思维能力也包含了举一反三的能力。我们希望学生在解决植树问题的基础上，将这一模型正向迁移到其他类似的情境问题上。如教师可以在课堂中提问：走楼梯的情境问题可以对应植树问题的哪一类呢？剪绳子的情境问题呢？砍木头的情境问题呢？你们能不能也通过画一画的方法来找一找呢？当学生通过自己的简笔画，寻找到相对应的联系时，教师就进一步拓展巩固了学生对知识的理解，培养了学生的多向思维。

因此，从这一案例中我们可以看到，找到知识间的联系也是具备多向思维能力的一种表现。而这种多向思维能力，并不是每个学生天生就具备的，而是需要教师在课堂中给予更多的训练与培养，这样才能使学生的高阶思维能力得到进一步的提升。

最后，欢迎各位教师来到我们的网络课堂，让我们一起探索如何在小学阶段的数学学科教学中,运用适当的教学方法,培养学生的多向思维能力。

——资料来源:关旭峰,郑敏.上海市虹口区第四中心小学."基于学生多向思维能力培养的小学数学教学方法指导"课程脚本,2018.

在案例分析教学中,如何选择一个合适的案例非常重要。通常情况下,教师培训课程的案例多来自于教学一线,需要授课教师在日常的课堂观察、评课议课、教研活动等实践中发挥观察力和概括力。当然,授课教师也可以根据当前教育教学中的重点、难点和热点问题,有意识地编纂一些经典案例。但是,在案例的分类取舍过程中,授课教师还是要注意选择与教学目标和教学内容贴近的典型案例,不要只浮于表面,避免消极阴暗,更不要因为案例过于复杂而造成分析时间的冗长。

┌「互动 2」┐

请您以案例分析为主要教学方法设计一节教师培训课程,课程主题自拟,设计完成后使用以下"案例选择与设计的评价工具"对您设计的教学活动和教学方法进行自我评价。

案例选择与设计的评价工具

运用范围:教师培训课程的教学活动和教学方法设计

运用目的:考察和评估案例选择与设计是否合理

适用对象:教师培训课程设计者

评价表:如表 8-4 所示

表 8-4　案例选择与设计评价表

评价内容	评价标准	评分(0 至 10 分)
案例的典型性	是否可以举一反三	
案例的新颖性	是否属于近 3 年内发生的事件	
案例的趣味性	是否有趣、吸引人	
案例的多样性	是否有各种形式的案例	
案例的论证性	是否能论证本课程的主要观点	
案例来源的可靠性	是否经得起推敲	
案例表达的流畅性	是否流畅	

——资料来源:段烨.培训师 21 项技能修炼(上):精湛课程开发[M].北京:北京联合出版公司,2018.

二、情境教学

情境教学是指授课教师根据培训主题所描绘的情境,创设出形象鲜明的情节,辅之以生动的语言、有感染力的音乐等,设置一种模拟化的场景,在此场景中进行情境交融的教学活动。

企业培训界的专家曾提出情境培训的理论公式,并指出情境培训是一种"权变"思想,要根据不同的具体情境,实施不同的培训,从而达到增强培训效果的目的。[①]

$$E=f(T,O,S)$$

其中,E(Effectiveness)代表培训效果;f 为函数;T(Trainer)代表培训师、授课教师、课程开发者;O(Object)代表参训学员;S(Situation)代表培训情境。

情境培训公式表明,授课教师、参训学员和培训情境是决定培训效果的三个必不可少的影响因素。目前常见的情境教学方法包括情境再现教学、情境训练教学、情境高尔夫教学。

（一）情境再现教学

情境再现教学多以视频的形式在面授培训课程或者网络培训课程中呈现,视频呈现的内容多以与教学主题相关的数字故事再现、研讨现场再现等情境为主,辅之进行情境的分析与评论。

「案例」

提升初任班主任指导学生进行人际交往的能力

［情境重现］

我们班的"小刺猬"

在我们班里有个"小刺猬",名字叫小辉。他圆圆的脸蛋,大大的眼睛,看上去很精神,可就是有个坏毛病——身上长"刺儿"。你瞧:

场景一:

"报告！报告！"只见小辉站在办公室门口,蹙着眉大声地喊道。

"又是这孩子。"办公室老师都已经很熟悉小辉了。"什么事?"我问他。

---

① 段烨.培训师 21 项技能修炼(下):精彩课堂呈现[M].北京:北京联合出版公司,2018.

"老师,刚才我同桌打我,还拿走了我的本子。"

于是,我找到小辉的同桌小超,询问事情的起因。小超一看到我,满脸委屈地说道:"老师,我没有打人,也没有把小辉的本子拿走。"

我问小超:"怎么回事? 说给老师听听。"小超的眼泪顿时流了下来:"刚才我坐在位置上,看到地上有一个本子,捡起来看到是小辉的,所以我就好心把本子放到他桌上,谁知他正好把手伸过来,本子不小心碰到他的手,他就说我打人,还说我拿走了他的本子,他说我是故意的,他还掐我手……"

没说完,小超就忍不住大哭起来,小辉还在旁边嚷嚷:"你就是故意的,你就是故意的……"

场景二:

没过几天,又有小朋友来告状了:"老师! 老师! 小辉和小志打起来了!"

我连忙奔向教室,只见两个孩子还扭在一起。把两个孩子拉开后,同学们都七嘴八舌地跟我报告事情的始末。原来小志在走廊里不小心踩了小辉的脚,已经跟小辉道了歉,但小辉却不依不饶地硬要回踩小志一脚,小志不肯,小辉就一拳挥了过去,然后两人就打起来了……

就这样,小辉成了班级里的"小刺猬",同学们都不愿意跟他一起玩。小辉同桌的家长也几次三番地找我要求换位置,因为"小刺猬"的"刺儿"常常无缘无故扎到人。

我也不断地思考:他犯一次错误,我就批评他一次,他嘴巴上是承认错误了,可是一回到教室,没过多久,相同的事情又一再发生。我的批评教育根本不起作用。那么,我到底该怎么办呢?

[情境研讨]

二年级班主任沙龙活动

主持人:小徐老师在班级管理上遇到了难题,如何让"小刺猬"脱掉身上的尖刺,成为一个受欢迎的孩子,融入班级大集体中去呢? 今天,我们就围绕着这个问题,给小徐老师出出主意。小徐老师,对于小辉同桌小超的话,你向他们周围的同学求证过吗? 他们是怎么说的?

小徐老师:有的。我询问过小超以后,也询问了周围的小朋友。旁边有几个小朋友看到了事情的经过,都跟我说是小辉误会了小超,小超是好心帮小辉捡本子才不小心碰到他的。

主持人：那么后来，你又是如何处理这件事的呢？

小徐老师：后来，我把两个小朋友都叫到办公室来，我让小超把事情的经过又讲了一遍，并且把其他小朋友看到的情况也跟小辉说了，小辉这才承认自己错怪了小超，向小超道了歉。放学后，我也跟小辉的妈妈通了电话，让家长在家多开导孩子，注意与同学和谐相处。

郭老师：小辉和小志的矛盾，你又是如何化解的呢？

小徐老师：小辉和小志在走廊上出现了摩擦，小志已经道歉了，但是小辉还是不依不饶的，当时我其实很生气，严厉地批评了小辉，觉得他不应该这么小心眼，但是小辉一脸委屈，不停地重复着"是他先踩我的"，我看他当时也听不进去，就对他进行了冷处理，过了两节课后又找他讲道理，他才勉强接受。

……

郭老师：小辉在平时生活中有好朋友吗？

小徐老师：以前小辉跟爷爷奶奶一起住的时候，爷爷奶奶不怎么带他出去玩；现在小辉和爸爸妈妈搬出去住，爸爸妈妈上班忙，更不怎么带他出去玩了，所以孩子也没什么机会去结识好朋友。平时更多是待在家里看看电视，玩玩玩具什么的。

……

主持人：现在，我们大概了解了小辉的情况。儿童时期是人一生最重要的时期，这一时期良好的心理发展，将是一个人终生心理健康的基础。小辉的"刺儿"如果任其发展下去，以后很有可能成为他社会交往中的"绊脚石"。各位班主任，你们在平时的工作中遇到过类似的孩子吗？你们又有什么有效的做法呢？

……

马老师：我们要从家庭入手。小辉今天这种个性的形成和爷爷奶奶的溺爱不无关系。在家庭教育中隔代教育也是一个重要的方面。所以不能简单地采取回避或者干脆分开住这种治标不治本的方式。

金老师：马老师说得非常对！我也觉得小辉爸爸妈妈的做法值得商榷。对于小辉的教育，他们早期丢给老一代，撒手不管，发现问题后也没有采取正确的教育方式，只是简单粗暴地打一顿，对于小辉这种个性比较执拗的孩子来说，效果肯定是微乎其微的。我觉得要让小辉去掉身上的"刺儿"，应从两方面入手。第一，要激发小辉的交友热情。第二，要有意识地去帮助小辉交朋友。

施老师：是的，小徐老师。我建议你或小辉父母找小辉好好聊聊，主要是通过换位思考等方法让他意识到，他现在在班级中没有朋友，就是他的"刺儿"惹的祸。

王老师：我同意施老师的观点。我是这样建议孩子父母的：（1）平时多和有年龄相当孩子的同事、朋友、亲戚交往，让孩子能有一个平台多接触同龄人；（2）鼓励孩子邀请喜欢的同学一起写作业。

郭老师：小徐老师，你不妨在班级里组织一次找"优点"的班会活动，组织学生一起来找找小辉身上的优点。一方面，帮助小辉建立自信心；另一方面，也会扭转其他学生对小辉固有的一些看法，发动全班一起来帮助小辉改变自己。

主持人：大家讲得非常好，不仅关注到了内因和外因，也想了许多应对办法来指导小辉的人际交往。接下来，小徐老师要密切关注小辉的表现，及时调整，循序渐进地进行指导。班主任工作是一门科学，更是一门艺术，目的是让不可爱的学生可爱起来，让可爱的学生幸福起来。今天的沙龙活动到此结束！

[专家点评]

首先，我认为这场沙龙有两个地方做得很成功。第一，其他班主任对于小徐老师的做法只是澄清而非评价，从小徐老师那里了解事件本身的情节，了解学生家庭背景，了解小徐老师处理问题的做法。虽然小徐老师的做法不错，但是，其他班主任并没有给予赞扬。澄清而非评价，这对于沙龙的顺利开展很重要。第二，大家能够敞开心扉，各自谈了自己的想法，或者交流了类似事件的处理办法。从大家交流的内容看，各位班主任都提供了一些非常典型的做法。

其次，我认为，这场沙龙体现了两个教育理念。第一，从多元的视角去看待学生的行为。在沙龙中，教师们都在努力梳理导致学生行为的有关因素，包括环境结构、家庭经验。有智慧的班主任往往不会直接处理行为。因为即使是同样的行为，也未必可以做同样性质的处理。将行为置于关系中去理解、去处理，这是教育智慧的表现。第二，从背后的理由去理解学生的行为。学生的行为背后都有原因或者理由，理解就是"解理"，解开学生内心的行为理据。不解决"心"，"行"便无法得到根本解决。小辉为什么一定要回踩小志一脚呢？因为，在他那里，公正就是以牙还牙，儿童发展早期就是这么理解公正的。他无法同意宽容也是一种公正。小辉的表现也许还与他的生活经历有关，他或溺爱或暴力的家庭教育方式阻碍了他自我感的形成。没有独立人格的他很希望得到别人的肯定和尊重,不希望自己失去半分,更不能吃亏,吃亏了就感觉别人在欺负他,在看不起他。沙龙中教师们提出的那些建议,对于培养小辉的独立人格是有帮助的。

如果说从周围的环境去理解学生的行为是一种教育智慧,那么,从内心去理解学生的行为则是一种对学生的尊重。智慧加尊重大概就是教师的仁爱之心吧。

——资料来源:张勤.上海市嘉定区普通小学,"教师育德意识与能力:初任班主任的微视界"课程脚本,2018.(受篇幅限制,脚本内容有所删减)

(二) 情境训练教学

情境训练教学以教学现场情境模拟为主要特征,多采用游戏活动法、角色扮演法、分组竞争法等多元方法。情境训练教学应遵循"四三二一"原则,即40%的理论讲授,30%的实战训练,20%的案例分析和10%的总结提升。[①] 在情境训练教学设计过程中,授课教师创设情境的途径可以是多样化的,如生活展现情境、实物演示情境、图画再现情境、音乐渲染情境、表演体验情境、语言描述情境。

┌─ 案例 ─┐

体育馆死亡事故处理

[事件情境]

托马斯,13 岁,七年级 A 班。

上午 8 点,七年级 A 班在体育馆上体育课。在接力跑时发生了事故:托马斯拿着接力棒跑向等待着的米歇尔,速度很快。在交接力棒时,托马斯在米歇尔脚下绊倒,沿地滑下,头部带着很大的冲力撞到墙上。他失去了知觉,失去了肢体功能,躺在地上。他的鼻子在流血。

班主任施密特女士让英戈去找校长。英戈激动得上气不接下气地喊道:"托马斯躺在地上,他在流血,不再喘息了。请您马上过去。"

校长到来时,深为震惊,托马斯的鼻子和嘴都发白了。

上午 10 点左右,托马斯由于伤势过重而死亡。

托马斯的妹妹皮娅此时正在隔壁教学楼上课。

---

① 段烨.培训师 21 项技能修炼(下):精彩课堂呈现[M].北京:北京联合出版公司,2018.

[情境处理训练]

练习1：

假设您是该校的校长，请您思考如何处理该事件。提示如下：

（1）您自己在操作前必须注意和反思什么？

（2）您应该立即采取什么措施，由谁来实施？

（3）哪些进一步的措施对这一天来说是必要的？

（4）哪些措施应在以后几天采取，由谁来实施？

（5）谁首先被涉及？谁其次被涉及？谁最后被涉及？

练习2：

假设托马斯是一个著名的、有影响力的企业家的儿子。媒体了解这一事件后要进行报道。民众对这一事件也有不同看法。请参训教师分组研讨如何召开一个新闻发布会，并选派"新闻发言人员"进行展示。

新闻发布会可着重回应以下问题：（1）来自媒体：民众的传闻，托马斯家庭的关注，媒体进行夸张描述并提出过失问题；（2）来自家长：学校在事发前后采取的措施，教师的监护和管理责任，学校的事后处理办法。

——资料来源：丁莉，等.上海市师资培训中心，校园危机管理培训课程，2018.

（三）情境高尔夫教学

情境高尔夫教学是指将情境管理理论与高尔夫运动相结合的培训方式，主要用于领导力培训和人力资源管理培训。它创设管理情境，并运用高尔夫运动的操作流程进行全程模拟分析。

情境高尔夫教学具有一个稳定的模型，即GROWAY模型：G(Goal)代表目标设定；R(Reality)代表现实状况；O(Offer)代表提出方案；W(Work)代表工作实施；A(Accord)代表调整一致；Y(Yield)代表获得收益。这与高尔夫运动的规则刚好一致：G(Goal)代表目标设定；R(Reality)代表现实状况；O(Offer)代表提出方案；W(Work)代表工作实施；A(Accord)代表调整一致；Y(Yield)代表获得收益。[1]

根据国际标准，高尔夫球场包括18条球道，由3至5个杆洞组成18个杆洞，包括4个3杆洞、10个4杆洞和4个5杆洞。情境高尔夫教学借鉴高尔夫运

① 段烨.培训师21项技能修炼（下）：精彩课堂呈现[M].北京：北京联合出版公司，2018.

动的 18 个杆洞,设置了 18 种管理事件处理情境,每种情境有 3 个处理步骤(对应高尔夫运动的 3 杆),每个处理步骤有 4 种选择。由参训教师根据创设的情境实战练习、反复循环,直到 18 种管理事件处理情境的练习都完成通过,并获得相应的评分。

在企业领导力培训领域,情境高尔夫教学分为向下管理、向上管理、水平管理、沟通管理、团队管理、执行管理、绩效管理和领导力修炼等多个系列。以向下管理为例,可以设置 18 个杆洞的领导力管理任务,包括任务安排、工作创新、制度推行、提高效率、融洽关系、关键资源、越级指挥、离职管理、激发士气、工作安排、评选优秀、新官上任等,还可以编制相应的测试问题和备选答案。[①]

案例

教师工作士气提升能力与策略

[模拟情境]

假设您是 Z 校校长,您所在学校校本研修规划部署,本学期要重点开展学科知识与育德内容的有效融合教学研修,要求各年级各学科的教师都要在自己的课堂中、在研修的活动中、在校外的培训中提升学科教学与育德引导相结合的素养与能力。

第一杆:

研修工作开展一段时间后,您明显感觉到教师们失去了最初的研修热情,研修进度也放缓了,您如何看待这种情况? 请在相应的选项上打"√"。

A. 研修热情波动很正常,只要教师们没有明显的情绪厌倦现象就不用过度担心

B. 研修热情与积极性直接影响工作成效,应该引起重视,调查原因

C. 应该以身作则,以实际行动激发教师的研修热情

D. 应该加强对研修工作的监督和管理,保障研修任务的圆满完成

第二杆:

您打算如何应对这种情况? 请在相应的选项上打"√"。

A. 召开中层以上干部会议,了解具体研修情况

---

① 段烨.卓越领导力实战训练:情境高尔夫——向下管理[EB/OL]. https://wenku.baidu.com/view/7cd735890b1c59eef9c7b4e0.html? from=search,2016-4-10/2018/5/3.

B. 对几个学科的教研组长进行访谈,掌握研修活动进展情况

C. 先暗中观察,再具体决定

D. 请求区教育学院教研管理部门的支持,从多个角度了解研修存在的问题

第三杆:

您准备采用哪种具体的解决方法?请在相应的选项上打"√"。

A. 交给在研修指导方面比较专业的教务主任去解决

B. 召开专门会议,倾听教师们的意见

C. 适当放缓研修工作的节奏,让教师们感受轻松的氛围

D. 先召集教师们进行文娱活动,活动后再讨论研修工作的后续安排

[模拟案例的解决原则]

情境解决的要点:(1)调查教师们对研修活动热情下降的原因,如研修工作目标、研修活动安排、研修组织领导等方面存在问题;(2)寻找和确定激发教师士气与热情的策略,如强化研修工作目标、调整研修成效要求、对有需求的教师进行个别化和针对性的指导。

情境解决的法则:本情境旨在帮助领导者提升解决问题的能力。可以参考以下法则:普通人只维持现状,领导者能改善现状;普通人只反映问题,领导者能解决问题;所谓领导力就是要能够发现问题、解决问题、确保目标的实现。

三、体验教学

体验教学是指借助一些活动、游戏,让参训教师通过观察、行动和表达等形式参与其中,进而获得直接的感受和认知。它是一种有效提高参训教师认知度和学习兴趣的互动方法。

体验教学常见的模型有两个。第一个是戴维·库伯(David Kolb)的体验学习圈理论,他把体验学习看作一个从具体体验出发,经过实践反思、抽象概括和行动实验,再回到具体体验的循环过程。第二个是鲍勃·派克(Bob Pike)的体验认知模型(EAT)。E(Experience)是体验,A(Awareness)是认知,T(Theory)是理论。这个模型把参训教师的亲身实践作为起点,让他们在实践中获得某种认知,进而接受相关的理论。[1]

---

[1] 金才兵,陈敬.好课程是设计出来的[M].北京:机械工业出版社,2017.

体验教学的价值在于，它能够将参训教师在培训过程中学习到的知识，通过其亲身体验，转化为其个人知识；能够将参训教师在游戏或者活动中获得的直接经验，与其以往的间接经验相统一；能够使参训教师超越游戏和活动中的情境，对体验活动进行理论阐释和观察反思。

┌ **案例** ┐

"萨提亚模式下构建和谐师生关系教师专项培训"体验教学实例
——欣赏不完美的自己

[引导语]

慢慢地静下来。慢慢闭上眼睛，找一个最舒服的姿势坐好，感觉到自己的双脚落地。留意自己的呼吸。随着呼吸，感受胸腔的一起一伏。想象自己飘去一个喜爱的地方，在这里你可以自由、舒畅地欣赏眼前的一切景物，在这里你可以自由自在地卧着、跑着、跳着。你仍然能意识到自己的一呼一吸。

在远远的地方，你看到有一间屋子。它在吸引你走过去。

你自然地走进屋子，看到屋子里都是你喜爱的色彩，墙壁上挂着你和家人、朋友、同事的一些照片。看看哪个人与你的关系很密切，哪个人与你的关系很疏远。屋子里的一个角落，有一张书桌，上面放了一本很厚的书，写着你的名字。

你把它翻开，看到里面记载的是你的一生。不论是你喜欢的、开心的，还是你难过的、不想回忆的，它都一一为你记载了下来。

深呼吸，再深呼吸。你看到了自己的出生。你的出生，是父母期待的吗？他们期待要一个儿子还是要一个女儿呢？他们是想把你送人，还是万千宠爱着你呢？你吃过妈妈的一口奶吗？你哭的时候谁来抱你？外公、外婆、爷爷、奶奶在哪儿？他们是怎样看待你的？

翻开下页，你看到了童年的自己在和同学争吵、打架。在惊慌、无助的时候，你会找谁哭诉呢？父母是在你身边，还是在很远的地方工作？你可以依赖谁呢？

再翻开下页，在青少年时期，你开始有很多困惑，开始对异性感兴趣。这时，你希望谁来指引你的路？家里有谁是你可以倾诉的对象呢？如果没有，那你是怎样生存下来的呢？能生存到今天，你可以依靠的又是什么呢？

再翻开下页,在工作中,你遇到了困难。这时,有谁给了你支持和力量? 又有哪些时刻,你感觉到自己被尊重,被接纳,被关爱?

再翻开下页,你看到了一个月前的你、昨天的你和今天的你。你多么想知道明天的你、一年后的你是怎样的。但它并没有为你写下明天——后面是空白的,这本书并没有为你预测未来。

你的出生和你的过去都不是你可以控制和选择的。而你的未来就在你的手中,你希望你的未来是五彩缤纷的,还是暗淡无光的? 在书的旁边有笔,请你为自己写下新的一页。

是时候要离开了,请你轻轻地放下这本书。关上门,把钥匙放在你的口袋里。你知道,不管什么时候,只要你愿意,你都可以重来这里为自己写下新的一页。因为这个地方就在你的心灵深处。

深呼吸,再深呼吸。慢慢回到这个空间,当你感到舒服的时候,请你慢慢地睁开眼睛。

[教学目标]

"生命自觉"主题是萨提亚家庭系统治疗理论的重要组成部分。这一节培训课程主要关注参训教师的个人成长,目的是让他们在培训课程中学习"生命自觉"的基本技术,关注个人内在体验与感受,悦纳自我,更积极、更乐观、更有动力地面对生活和工作。

——资料来源:王红丽.上海市虹口区教师进修学院,"萨提亚模式下构建和谐师生关系教师专项培训"课程脚本,2016.

四、角色扮演教学

角色扮演教学是指在培训活动中,由参训教师扮演某一角色去操作执行某项任务的互动方法。角色扮演教学经常出现在情境教学和体验教学之中。使用角色扮演教学方法要注意以下几点:

第一,授课教师要根据角色本身的特点选择适合的参训教师来扮演,这样可以增强参训教师的体验感受,同时也可以提高角色扮演教学的成功率。例如,DISC 个性测试结果表明:具有 I 型人格(影响性)特征的参训教师自信、热情、好交际、喜欢合作、有丰富的表现力,因此选择具有 I 型人格特征的参训教师去完成角色扮演的任务,往往效果最好;具有 S 型人格(稳定性)特征的参训教师不太适合站在讲台前或者上课场地中进行角色扮演,因为具有 S 型人格特征的参训教师往往话不多,更善于倾听,喜欢在稳定和谐的环境中学习和工作。

第二,授课教师要邀请参训教师在角色扮演结束后立即谈一谈"演出体会"。扮演某一角色的参训教师并不是整个活动的"傀儡"或"提线木偶",他们在设身处地地扮演某一角色后,可能会对该角色有更深刻的身份认同。因此,授课教师可以进一步挖掘他们扮演角色前后的认知与技能变化。

第三,角色扮演结束后,授课教师要对整个角色扮演活动进行总结和提炼,引导参训教师对角色扮演活动设计的意图、目标、效果等形成更为全面的认识与理解。

┌ **案例** ┐

"校园危机管理培训课程"角色扮演教学实例
——自杀事故处理

[角色扮演剧情设计]

场景 1:科妮莉亚(学生)来到班主任(女教师)处。最好的朋友格丽泰给她写了一封信,信中她具体说出了自杀计划,并要求科妮莉亚保密。科妮莉亚把信带着。她不能透露格丽泰想要自杀的消息。一旦透露消息,格丽泰父母知道的话,格丽泰就必定会自杀。格丽泰不知道,再得到不好的分数时该怎么办。

场景 2:英语教师和法语教师来到格丽泰所在的班级。格丽泰的成绩迅速下滑,她又得了 6 分。这女孩感到绝望了。两位教师十分担忧。

场景 3:班主任把两位咨询教师请出来。来自不同行业的专家组成员同时开展咨询工作。专家组成员决定,先听格丽泰说。

场景 4:各位教师与格丽泰谈话

[角色扮演角色设计]

邀请参训教师扮演以下角色,模拟事件发生与处理的过程。

• 格丽泰,完全中学九年级学生

• 科妮莉亚,格丽泰在班级中最好的朋友

- 班主任(女教师),教德语和体育
- 英语教师和法语教师
- 咨询教师(2位)
- 专家组成员(3至5位),来自不同行业
- 校长
- 家长

——资料来源:丁莉,等.上海市师资培训中心,校园危机管理培训课程,2018.

第三节

引导型教学方法的设计

一、行动学习

行动学习是指授课教师让参训教师一组人或一个团队对已有知识和经验进行质疑并在行动基础上进行实践反思，让他们在行动中学习，在学习中行动。行动学习的创始人雷格·瑞文斯(Reg Revans)用公式来表示行动学习。

$$L = P + Q$$

L(Learning)代表学习，P(Programmed knowledge)代表程序性知识，Q(Questioning insight)代表提出有洞察力的问题。学习的实现需要程序性知识，也需要先提出有洞察力的问题，再通过行动来解决这些问题。

国际行动学习协会的总裁马奎特(Marquardt)在雷格公式的基础上进一步完善了行动学习公式。

$$AL = P + Q + R + I$$

AL(Action Learning)代表行动学习，P(Programmed knowledge)代表程序性知识，Q(Questioning insight)代表提出有洞察力的问题，R(Reflection)代表反思，I(Implement)代表执行。马奎特认为，在行动学习过程中，提出有洞察力的问题后，进行深刻的反思是最重要的环节，只有当人们质疑并检验自己的假设时，真正的自我知识才能产生。[1]

行动学习对授课教师的要求很高，行动学习相当于一个项目、一个专业发展过程。在这个过程中，授课教师的角色不是知识的传授者，而是项目的引导者和催化者。行动学习的授课教师往往是由一个团队组成的，一个授课教师较难对行动学习进行完整控场。在行动学习教学过程中，授课教师专注每个行动小组的成员学习，专注各个小组为何及如何开展行动，鼓励各小组成员相互提问，提高小组成员反思的能力。

---

[1] 王海波，满昆仑.培训设计艺术[M].北京:清华大学出版社,2018.

行动学习流程一般可以概括为 10 个步骤,依次是:(1)确定需求并设定目标;(2)建立项目管理团队;(3)设计行动学习方案,启动行动学习;(4)确定要解决的问题;(5)组建行动学习小组,6 至 8 人组成一个小组最佳;(6)激发和保持团队热情;(7)争取外部的参与和支持;(8)形成并执行解决方案;(9)评估行动学习项目;(10)把行动学习作为单位文化的组成部分。从这 10 个步骤的内容中可以看出,行动学习不仅关注项目问题的解决,而且关注行动学习小组成员及整个单位文化的发展。

┌ 互动 3 ┐

请您参考表 8-5 中的提示,运用行动学习教学方法,设计一个课例研修培训教学活动方案,学科和主题不限。

表 8-5 教师培训课程的行动学习教学方案设计

项目选题:			
教学方案设计参考:			
行动学习流程	具体内容提示	授课教师引导职责	您的设计
确定需求并设定目标	需求调查;描述项目完成时的绩效目标	倾听、探寻	
建立项目管理团队	项目管理团队构成及其职责	授权	
设计行动学习方案,启动行动学习	项目目标、价值、任务、时间安排、影响等	挑战、提问、设计	
确定要解决的问题	问题的提出、研讨、选择	提问、催化	
组建行动学习小组	小组成员的指派或申请	协调、辅导	
激发和保持团队热情	团队建设、加强领导力和凝聚力	鼓励	
争取外部的参与和支持	争取高层领导或外部专家的支持	协调、支持	

（续表）

行动学习流程	具体内容提示	授课教师引导职责	您的设计
形成并执行解决方案	方案的目标、案例、论据、范围、完成时间、重要事件、组织分工、经费分配	指导	
评估行动学习项目	自评和外部专家评估，进行反思和调整	评价、指导、反馈	
把行动学习作为单位文化的组成部分	行动学习文化分享	推动	

二、头脑风暴

头脑风暴是一种组织群体决策的方法，由一群人或一组人围绕一个特定的主题，利用群体的批判精神和创造力，通过无限制的自由联想与讨论，进行改善和创新，形成新的主意，提出新的方法。头脑风暴教学要注意：(1)不设定任何的条条框框，鼓励参训教师解放思想、自由畅谈，尽可能标新立异；(2)不对任何设想和思路进行评价，杜绝因评价而扰乱参训教师发现思维的现象；(3)绝对禁止对任何设想和思路提出批评建议，破坏头脑风暴的现场气氛；(4)坚持参训教师在头脑风暴过程中的平等地位，无论是什么样的设想和思路都全部记录下来，但并不突出参训教师的个人成绩与贡献，而是以小组或团队的整体利益为重。

┌ **互动 4** ┐

请您参考以下注意事项，运用头脑风暴教学方法，设计一个以"提高教师作业命题能力的培训课程"为题的教学活动方案。

注意事项：

组织形式：6 至 8 人组成一个小组最佳；时间控制在 45 分钟至 1 小时之内；设置 1 位主持人，1 至 2 位记录员。

激发引导：设计激发引导参训教师思维灵感的引导语。

记录：完整、准确地记录所有参训教师的想法，考虑如何设计思维导图并将其作为记录的工具。

分类整理：分类整理参训教师的想法和思路，授课教师可以提前进行分类预设，以便及时对参训教师的设想加以总结、补充。

择优筛选：授课教师引导参训教师对所有设想和思路进行反复比较，最终确定1至3个最佳方案。

三、焦点讨论

焦点讨论是培训教学活动中常用的一种引导技术，它通过结构化对话，将思维发散与问题聚焦相结合，帮助参训教师进行深入思考。

聚焦讨论的问题往往具有一定的结构性和层次性，主要分为客观性问题（Objective problem，简称 O）、感受性问题（Reflective problem，简称 R）、诠释性问题（Interpretive problem，简称 I）、决定性问题（Decisional problem，简称 D）四类，因此焦点讨论法也常被简称为 ORID 法，如图 8-1 所示。[①]

图 8-1 焦点讨论法的问题呈现层次案例

（一）客观性问题

来自客观的外在事实，需要呈现时间、地点、任务、情境（起因、经过、结果）等要素，它能够通过参训教师的不同视角对事实进行不同的观察，使事实更完整。

客观性问题讨论前，授课教师要为参训教师提供所有信息和资料，以避免讨论时出现"盲人摸象"类的信息缺失现象，可以使用"您看到了什么""发生了什么事情"等问题。

（二）感受性问题

又称反映性问题，主要表达参训教师的感受、情绪、心情等，它能够让参训教

① 王海波，满昆仑.培训设计艺术[M].北京：清华大学出版社，2018.

师的自身经验与外部刺激有效联结,可以使用"什么让您觉得惊讶""这让您联想到了什么"等问题。

（三）诠释性问题

需要参训教师思考相关主题的意义、重要性、价值、暗含的观点和主张,它能够使参训教师的不同观点、不同假设都得到解释,让参训教师获得更深刻、更广泛的理解与思考,可以使用"这对您来说有什么意义""您从中学到了什么"等问题。

（四）决定性问题

主要包括由参训教师经过讨论或对话得出的共识、具体的行动方案和实践办法等,它是促进方案形成、行为改善、行动实施的催化剂,可以使用"我们需要做出什么样的决定""接下来要怎么做"等问题。

「案例」

教师培训课程情境教学法的设计与使用

在"教师培训课程情境教学法的设计与使用"的回顾环节采用 ORID 法,帮助参训教师回忆和反思上节课所学习的内容。

授课教师提问[O]:我们上节课学习了哪些内容?

参训教师回答:在上节课中,我们学习了情境再现教学方法、情境训练教学方法和情境高尔夫教学方法。

授课教师提问[R]:您对哪个教学方法印象最深刻?

参训教师回答:我觉得情境训练教学方法最吸引我,给我留下的印象最深刻。

授课教师提问[I]:那情境训练教学设计这部分内容的学习,给您带来的最大启发是什么?

参训教师回答:我觉得情境训练教学方法的情境选择非常重要,在上节课中您呈现的"体育馆死亡事故处理"的情境很实用。在我们的一线工作中,经常会发生这种突发事件,因此,教师和校长处理类似校园危机的方法和技能非常重要。特别是"新闻发布会"的训练,可以让参训教师身临其境地思考应对校园危机的办法。因此选择这样的情境进行训练,特别能够吸引参训教师的注意力。

授课教师提问[D]:在您自己设计教师培训课程教学方法时,您想好如何运用情境教学法了吗?

参训教师回答:是的。在我自己设计教师培训课程教学方法时,我一定会根据具体的教学目标,选择最适合、最吸引参训教师、最贴近参训教师实际需求的情境,进行情境教学,以提高参训教师的参与度和临场感。

授课教师导入新课:非常好,刚刚我们已经对上节课中学习的情境教学法进行了回顾,那么这节课我们就请各位参训教师分组,结合将要设计的培训课程主题,运用情境教学法中的任意一种或多种技巧,来设计一个教学活动方案。

四、世界咖啡

世界咖啡是一种创造集体智慧的汇谈方法,它通过营造"大家聚在一起喝咖啡聊天的情境和氛围",让拥有不同专业背景、不同观点的人围坐在一起,在一种轻松、真诚、共同学习的氛围中,针对一个或数个主题,进行无障碍的交流和畅谈,各抒己见,激发思维的火花,形成集体的智慧。

世界咖啡汇谈法的创始人朱安妮塔·布朗和戴维·伊萨克提出了汇谈的 7 项核心原则。[①]

第一,设定情境,即澄清目标,理解现状,确定汇谈的界限。

第二,营造宜人好客的环境空间,即确保环境舒适,让参与者获得被尊重的心理安全氛围。

第三,探索真正重要的问题,即关注核心问题,激发参与者的热情,鼓励开放创新,确保汇谈成效。

第四,鼓励每一个人参与贡献,即邀请所有人全面参与和投入。

第五,交流并连接不同观点,即共同聚焦核心问题,有意吸收多元文化和不同观点。

第六,共同倾听不同的模式和见解,分析深层次的问题,即凝聚集体的力量,达成思想上的共识和一致性。

第七,收获和分享集体智慧,即分享共同成果,形成可执行的方案和方法。

世界咖啡汇谈通用的组织要求包括以下两点:

---

① (美)朱安妮塔·布朗,戴维·伊萨克.世界咖啡:创造集体智慧的汇谈方法[M].汤素素,等译.北京:电子工业出版社,2018.

第一,人员组织。每组设置组长 1 人,组员 4 至 6 人,组长负责协调、记录、成果汇报工作。

第二,活动流程。活动流程包括:(1)介绍世界咖啡汇谈的规则与主题;(2)进行第一轮研讨(每一次研讨组长不换,组员在下一轮换组);(3)进行第二轮研讨;(4)进行第三轮研讨;(5)各组组员回到第一轮研讨时所在的小组;(6)进行研讨小结;(7)确定行动方案;(8)汇报成果。

案例

世界咖啡汇谈教学法模拟案例

[汇谈主题]

假设您正在承担"教师专业发展学校建设规划方案"的撰写工作,您有哪些具体的设想呢?

[汇谈流程]

8:30 至 8:45 授课教师介绍汇谈主题和活动步骤,并通过游戏进行分组;

8:45 至 9:00 每组选举组长,并布置本组的咖啡桌;

9:00 至 9:30 每组组长组织研讨,组员轮流发言,每人每次发言 1 至 3 分钟,可以循环,组长负责记录组员的发言内容;研讨结束后,组长留下归纳主要观点,组员到其他咖啡桌继续交流分享观点;

9:30 至 9:50 组长接待其他咖啡桌组员,组长先介绍本咖啡桌上一轮的基本观点,再逐一倾听其他咖啡桌组员的观点;组长在两次研讨的基础上补充、完善本咖啡桌的观点;

9:50 至 10:00 组长继续留下归纳主要观点,组员再次分散到前两轮研讨没有去过的咖啡桌,以上一轮的方式继续交流分享观点;

10:00 至 10:10 休息和自由交流;

10:10 至 10:40 各组组员回到第一轮研讨时所在的咖啡桌,在组长的组织下分享从其他咖啡桌学到的印象最深刻的观点和经验,组长进行记录,并不断完善本咖啡桌的观点;

10:40至11:00组长与本组组员对本咖啡桌的观点进行梳理、汇总和筛选，并推荐一位代表，准备本咖啡桌集体汇报的内容；

11:00至11:30各咖啡桌的代表依次向所有参训教师进行汇报交流，其他咖啡桌的组员可以提问点评。最后由授课教师总结一线教师在设计"教师专业发展学校建设规划方案"时最关注的问题和最有价值的设想。

五、六顶思考帽

六顶思考帽是一种实现平行思考和提高创新思考的工具。它的创造者爱德华·德博诺（Edward de Bono）认为思考的最大障碍就在于混乱，即人们总是尝试同时做很多事情，如情感、信息、逻辑、创造。

然而，每一个人在看待同一个事物时，总是会存在不同的视角，此时特别需要应用平行思考的方法，让每一个人围绕这个事物从每一个不同的视角进行平行观察。因此，他非常强调平行思考（Parallel thinking）的重要性，并设计了六顶不同颜色的思考帽，包括蓝帽、白帽、红帽、黄帽、黑帽、绿帽。

（一）蓝帽

代表对思维的考察、控制、指挥。戴蓝帽的人通常是会议的主持人和协调人，他们要纵观全局，控制整个思维过程，会议结束时要进行总结和汇报。

（二）白帽

代表已经确认的信息、事实、数据，是一种中立的、无法创生的内容。戴白帽的人只要提供准确、中立、客观的信息、事实、数据即可，不需要诠释，也不需要附带情感。

（三）红帽

代表情绪、情感、直觉，如热情的、钟爱的、怀疑的、不喜欢的。戴红帽的人只要（立即）发表对事件的感受即可，内容应尽量简短，无须解释自己的情感或者其合理性。

（四）黄帽

代表积极、乐观、有建设性，与积极的评估有关。戴黄帽的人要从正面的角度去发现逻辑证据所支持的价值、观点、方案和收益，要采用有建设性和启发性的思考方式。

（五）黑帽

代表谨慎、批判、怀疑。戴黑帽的人要指出某个建议的风险、缺点、潜在的问题，不符合事实的经验、政策、建议等。

（六）绿帽

代表新观点和各种可能性。戴绿帽的人要提出各种具有替代性与可行性的解决方案，这些解决方案不一定符合逻辑，但必须具有创新性。

爱德华·德博诺指出，平行思考的本质在于，每一个人在任何时刻都看向同一个方向，但是方向可以变化；而且，思考帽只是方向，而不是对现已发生的事件所做的描述；问题并不是每一个人都说出自己的喜好，然后用帽子来描述他们说了什么，而是要开始沿着那个特定的方向思考。[①]

六顶思考帽在教师培训课程中的作用和价值在于：它是一种具有建设性、设计性和创新性的思维管理工具；可以有效克服参训教师的情绪感染，提高思考效率；用形象化的手段驾驭复杂的思维；在问题无法解决时，提供一个平行观察的契机；将不同想法和不同观点和谐地组织在一起；涵盖了思维的整个过程，避免了参训教师思维中的自负现象和片面性问题。[②]

┌─────┐
│互动 5│
└─────┘

请您运用六顶思考帽来评价"关于推进上海基础教育减负的建议"的提案。

［练习要求］

（1）文本阅读时间：3分钟。

（2）由蓝帽负责组织小组讨论，时间：15分钟（请各色帽子分别在纸上写下自己的观点）。

（3）小组汇报时间：3分钟。

［文本内容］

关于推进上海基础教育减负的建议

民进上海市委

一、背景情况

中小学生课业负担过重是基础教育的一个顽症。据统计，自1985年以来，

---

① （英）爱德华·德博诺.六项思考帽：如何简单而高效地思考[M].马睿，译.北京：中信出版集团，2016.
② 杨兰.上海市师资培训中心，"创新思维工具之一——六项思考帽"教程，2018.

中央政府下达"减负"令达 49 次。《国家中长期教育改革和发展规划纲要（2010—2020 年）》中明确提出要减轻中小学生课业负担。

上海市中小学生的课业负担一方面来自学校；另一方面来自各类校外辅导机构。究其原因，主要是高考升学压力下移延伸到幼升小和小升初的择校、初中升高中的自主招生考试。许多民办学校和社会培训机构合作通过读"小五"班等方式进行选拔，其教学和测试内容远超《课程标准》，这大大加重了学生的学习负担。初中升高中的实验性示范性学校自主招生考试内容通常远离《课程标准》，其难度和范围也远超教学大纲和正常公办学校教学要求，学生不进民办初中或不经长期校外辅导基本很难适应这样的考试要求。

这样导致的问题是，学校减负、家长增负，校内减负、校外增负，公办学校减负、民办学校和社会培训机构增负。随之而来的问题是，家庭的经济负担加重，家长和学生的焦虑增加。再就是，贫困家庭的学生由于无法支付培训费，在学业上与参加补习班的学生拉开差距，加深了教育不公平和不均衡。

二、问题及分析

（一）减负政策现状分析

近年来，上海市教委一直重视给学生减负，在政策方面，不断推陈出新，进行教学改革，如《上海市教育委员会关于 2017 年本市义务教育阶段学校招生入学工作的实施意见》（沪教委基〔2017〕2 号）中，严禁本市义务教育阶段学校举办各类重点班、实验班、快慢班，严禁将奥数成绩、英语星级考等各类竞赛获奖作为招生录取的依据等。但是上有政策下有对策，违反减负政策的相关惩罚措施，对公办学校有效，对民办学校或社会培训机构却收效甚微。这些政策不仅缺乏进行有效监督的操作方法，而且太过强调公办学校在学生减负中的作用，忽视了学校、家庭和社会等的合力作用。

（二）初中小学课业现状分析

通过对上海初中小学家长进行问卷调查和访谈，我们发现校内作业量虽然不是很大，但还是有学生的睡眠时间明显不足；考试很多，学生压力很大；84.15％的学生参加课外辅导班，其中，87.92％的学生参加数学辅导班，69.08％的学生参加英语辅导班；92.75％的学生选择社会培训机构开办的辅导班；26.42％的学生没有周末活动时间。可见，校外学习是减负重点，且小学阶段是最需要减负的阶段。

（三）公办、民办教育对比分析

调研发现，公办、民办的教育差异主要表现在四个方面。第一，生源。公办学校主要通过对口招生，而民办学校主要通过选拔招生，二者的生源质量差别很大。第二，师资。公办学校的教师工作较稳定，对学生的学习相对抓得没那么紧。民办学校的教师实行聘用制，压力较大，对学生的学习抓得紧。第三，课程进度。公办学校的课程进度一般按照政策进行，不能提前或加深难度。而民办学校则存在赶超进度、提高难度的现象。第四，对竞赛的重视程度。公办学校的教学依照教育局的规定，较少鼓励学生参加与择校相关的竞赛。而民办学校重视、鼓励学生参加与择校相关的竞赛。可以看出，民办学校在教育竞争上占据优势地位，其学生负担比公办学校学生负担重。

（四）招生方式及影响分析

对小学升初中，目前上海市的初中以民办初中的教育见长，其在招生过程中，具有非常明显的"掐尖"行为。为了能够让孩子进入一所好的初中，家长们大量地选择了课外辅导班，从而出现了校内负担减轻、校外负担加重的现象。

对初中升高中，学生要进重点高中大部分都要参加重点高中组织的自主招生选拔考试。调研发现，实验性示范性高中有55.20%的学生来自于民办初中，实验性示范性高中有90.30%的学生参加过自主招生选拔考试，即实验性示范性高中的生源中来自民办初中的比例较高。89.10%的学生认为自主招生选拔考试内容和难度超过中考考试要求。这也导致大部分学生都去参加课外辅导班。

三、建议

（一）中小学生减负要从源头抓起，从顶层设计入手

明确减负的目的，科学定义减负的内涵、内容和实施方案，校内校外减负整体考虑、系统设计。建议取消民办学校全市范围的招生特权、义务教育阶段的小学和初中根据户籍就地入学等规定，减小基础教育阶段公办与民办的差距。委托第三方机构，对各项减负措施的实施效果进行定期、量化评估，综合听取教师、学生、家长对减负的效果反馈，尤其尊重一线老师对减负措施的评价。

（二）尊重学生的个体差异，进行分层教育

民办初中的学生是经过筛选的，其各方面的基础相对均衡；而公办初中学生的个体差异较为显著。针对学生的个体差异，建议鼓励公办学校采取分层走班教学，让各类学生获得长足发展，提高公办学校的吸引力，形成良性循环。对实

行分层教育的学校,增加教师的薪酬。民办教育也要体现其教育特色,与公办教育错位发展,满足学生的多元化教育需求。

(三)加强规范和督导,促进教育减负落到实处

加强对小升初以及初升高的监管,调整小升初的择校招生比例,规范实验性示范性高中的自主招生。目前高中自主招生命题处于监控真空地带,要加强监管,进一步规范命题要求,由权威考试机构负责命题,严禁超纲。

加强对社会培训机构的督导和监控。由教委来统一监管社会培训机构的注册准入,规范社会培训机构的教学内容和教学要求并建立督导机制,建立负面清单。小学阶段的学生不应有课外补课学习的负担,全面禁止任何数学、英语、语文竞赛。

(四)合理配置资源,保持教育均衡

在想方设法减轻学生课业负担的同时,应该规划好如何填补学生因"被减负"而多出来的那部分时间和精力,重新保持教育平衡。建议适当延长学生白天在校时间,增加活动课,培养学生兴趣;设置活动课专职教师这一岗位,在办学经费、师资等方面适当向公办学校倾斜。加大校外活动机构(如青少年活动中心、少科站)的建设,以培养学生广泛的兴趣,使其身心得到健康发展。

(五)加强社区教育,引导家长形成正确的教育观

优质教育资源有限,升学压力自然存在。建议通过社区终生教育,加强对家长的教育认知培训,使家长认识到成功的教育包括习惯的养成、性格的塑造、兴趣的培养以及身心的健康;引导家长形成正确的教育观、人才观和职业观;让家长了解儿童身心发展规律,不急功近利、盲目跟风,不将升学焦虑传导给孩子,使家长成为基础教育减负的商谈者和促进者。

教育部门在推行减负的同时,应该多维度、多角度、多元化地着力分析和评估减负后的实际教育生态,尊重学生的自然成长规律,科学减负。

——资料来源:民进上海市委.关于推进上海基础教育减负的建议[EB/OL].http://www.shszx.gov.cn/node2/node5368/node5376/node5388/u1ai100498.html,2018-1-30/2018-5-5.

[应用步骤参考1]

第1步:陈述问题(白帽);

第2步:提出解决问题的建议(绿帽);

第 3 步:评估建议的优点(黄帽);

第 4 步:列举建议的缺点(黑帽);

第 5 步:对各项选择方案进行直觉判断(红帽);

第 6 步:总结陈述,得出方案(蓝帽)。

[应用步骤参考 2]

第 1 步:请所有人戴上黄帽,评价基础教育减负提案的优点;

第 2 步:请所有人戴上黑帽,列举基础教育减负提案的不足;

第 3 步:请所有人戴上绿帽,针对提案的不足,思考新的解决方案;

第 4 步:请所有人戴上红帽,表决是否赞同新的解决方案;

第 5 步:选出一位代表戴上蓝帽,进行陈述总结。

注:培训者可以根据相关主题自主设计六项思考帽的应用步骤。

互动 6

1. 请您综合运用本小节介绍的教学方法,设计一个单元的教师培训课程的教学活动,并具体说明教学活动中拟选择的每一种教学方法及其使用意图和设计形式。

2. 请您根据所选择的每一种教学方法对参训教师的刺激与影响程度,绘制一张参训教师在这一单元的教师培训课程的教学活动中的"学习心电图",预测教师培训课程教学活动现场的氛围,合理规划教学活动与教学方法的节奏和嵌入时机,可参考表 8-6。

表 8-6　参训教师在教学活动中的"学习心电图"

……	··	··	··	··	··	··	··	··
6.交互学习	··	··	··	··	··	··	··	··
5.角色扮演	··	··	··	··	··	··	··	··
4.六顶思考帽	··	··	··	··	··	··	··	··

（续表）

教学方法＼时长（分钟）	第一节		第二节		第三节		第四节	
	0 至 20	20 至 40	0 至 20	20 至 40	0 至 20	20 至 40	0 至 20	20 至 40
1. 故事导入	··	··	··	··	··	··	··	··
2. 讲授教学	··	··	··	··	··	··	··	··
3. 案例分析	··	··	··	··	··	··	··	··

第九章
培训课程效果的评估

本章核心问题

◇ 如何检测教师培训课程的学习效果?

◇ 如何全面、科学地评估培训成效?

◇ 如何设计培训课程满意度的调查工具?

互动 1

请您指出与表 9-1 中的培训目标相匹配的评估任务与评估形式。

表 9-1 互动 1 表格

培训目标	评估任务	评估形式
1. 能够独立设计一门规范、有效的教师培训课程	1. 写出培训教学流程的 9 个环节	1. 填空题
2. 掌握教师培训课程选题标准	2. 指出以下培训教学目标中存在的不当之处	2. 判断并给出建议
3. 能够结合具体案例分析其中用到的内容组织逻辑模式	3. 运用所学的开场方法，为自己的教师培训课程设计一个精彩的开场	3. 案例分析
4. 运用所学的开场方法，提高开场设计能力	4. 认真阅读以下课程内容大纲，说说它在内容组织上采用了哪些逻辑模式，并加以简要说明	4. 找错题
5. 知道培训教学流程的 9 个环节	5. 运用所学的教师培训课程选题标准，评价以下教师培训课程选题是否适当，如果不适当，请给出改正建议	5. 自建构
6. 理解培训教学目标撰写的 ABCD 法则	6. 自己设计一门 4 课时的教师培训课程，并说明这门课程的创新之处	6. 实践操作

（参考答案见本章末）

第一节

学习效果的检测考核

互动 2

如何设计学习考核作业以检测课程目标的达成度

林老师及其课程开发团队在确定了"基于问题解决的班主任班务组织与管理"教师培训课程学习评价框架后,开始进入具体的学习考核作业设计环节。有的老师说,作业应该根据培训内容来设计,教什么就检测什么;有的老师说,布置作业是为了检测课程目标的达成度,作业应该与课程目标相对应;有的老师说,课程目标比较概括,无法直接成为作业设计的依据,且有些情感与价值观类目标难以检测……

您如何看待林老师团队的争论,请把您的观点写在下面的横线上。

_____

_____

_____

2001年布卢姆的学生安德森等人通过认知领域目标分类学框架的修订版,具体阐述了认知领域目标及其评估任务设计。

一、认知领域目标分类学框架

在布卢姆原来的教育目标分类学框架中,认知领域的目标由"知识"目标和"智慧能力与技能"目标构成,每个类型的目标又由若干亚类构成。在安德森等人修订的认知领域目标分类学框架中,教育目标采用两维分类框架,分别是知识维度和认知过程维度。知识维度包含了 4 个类目:事实性知识、概念性知识、程序性知识和反省认知知识。认知过程维度包含了 6 个类目:记忆、理解、运用、分析、评价和创造。每类知识都涉及 6 个认知过程维度,这 6 个认知过程维度的含义及相应的例子如表 9 - 2 所示。

表 9-2 认知过程维度

类目与认知过程	替代名称	定义与例子
1. 记忆——从长时记忆系统中提取有关信息		
1.1 再认	识别	从长时记忆系统中找到与呈现材料一致的信息
1.2 回忆	提取	从长时记忆中提取相关信息
2. 理解——从口头、书面和图画传播的教学信息中建构意义		
2.1 解释	澄清、释义、描述、转换	从一种呈现形式转化为另一种呈现形式
2.2 举例	示例、具体化	找出一个概念或一条原理的具体例子
2.3 分类	归属、类目化	确定某事物属于某一个类目
2.4 概要	抽象、概括	抽象出一般主题或要点
2.5 推论	结论、外推、内推、预测	从提供的信息得出逻辑结论
2.6 比较	对照、匹配、映射	确定两个观点、客体等之间的一致性
2.7 说明	构建、建模	建构一个系统的因果模型
3. 运用——在给定的情境中执行或使用某程序		
3.1 执行	贯彻	把某程序用于熟悉的任务
3.2 实施	使用	把某程序用于不熟悉的任务
4. 分析——把材料分解为各组成部分并确定各组成部分如何相互联系以形成总体结构或达到目的		
4.1 区分	辨别、选择	从呈现材料的无关部分区别出有关部分或从不重要部分区分出重要部分
4.2 组织	发现一致性、整合、列提纲、结构化	如组织历史上描述的某一证据使之成为支持或反对某一特殊解释的证据
4.3 归属	解构	确定潜藏在呈现材料中的观点、偏好、假定或意图
5. 评价——依据标准给出判断		
5.1 核查	协调、探测、监测、检测	查明某过程或产品的不一致性;确定某过程或产品是否有内在一致性;查明某种程序在运行时的有效性
5.2 评判	判断	查明某产品和外部标准的不一致性;查明某个程序对于某个问题的适当性
6. 创造——将要素重新组织为新的模式或结构		
6.1 生成	假设	根据标准提出多种可供选择的假设(如提出假设来说明观察到的现象)
6.2 计划	设计	设计完成某一任务的一套步骤
6.3 产生	建构	发明一种产品

二、认知学习结果的评价

在安德森等人修订的认知领域目标分类学框架中,他们还对认知过程维度的教育目标、评估样例以及可供选择的各种评估任务进行了阐述,如表 9 - 3 所示。

表 9 - 3 认知过程维度的教育目标、评估样例以及可供选择的各种评估任务

类目与认知过程	教育目标与相应的评估样例以及可供选择的各种评估任务
1. 记忆	
1.1 再认	[目标] 再认基本几何图形的边数 [样例] 五边形有几条边　　A. 4　B. 5　C. 6　D. 7 [形式] 证实(是非题)、匹配(匹配题)、被迫选择(多项选择题)
1.2 回忆	[形式] 填空、问答、默写
2. 理解	
2.1 解释	[目标] 学会把用文字表述数量的句子转化成用符号表示的代数式 [样例] 把"班级的男生数是女生数的两倍"这个句子转化一个等式(用 B 表示男生数,用 G 表示女生数) [形式] 建构反应(即提供一个答案),如"写出一个与下列陈述相应的等式";选择反应(即选择一个反应),如"哪一个等式与下列陈述相对应"
2.2 举例	[目标] 能够举出各种戏剧流派的例子 [样例] 给学生提供 4 个剧本的概要,请学生说出哪一个是浪漫主义戏剧 [形式] 建构反应(即举出一个例子);选择反应(即从给出的若干例子中选择一个例子)
2.3 分类	[目标] 学会将各种史前动物分类 [样例] 给学生提供某些史前动物的图片,指导他们对这些图片进行分组 [形式] 建构反应;选择反应;分类
2.4 概要	[目标] 学会在阅读著名科学家若干作品之后写出概要 [样例] 要求学生阅读有关达尔文的著作并写出概要 [形式] 建构反应,如"要求学生阅读完一篇无标题的文章后,给文章写出一个适当的标题";选择反应,如"要求学生阅读完一篇无标题的文章后,从四个标题中选择一个适当的标题或者按照行文顺序给每个段落的标题排序"

（续表）

类目与认知过程	教育目标与相应的评估样例以及可供选择的各种评估任务
2.5 推论	［目标］学会把含有 X 变量与 Y 变量的情境描述为一个等式,以代表两个变量的几个观察值 ［样例］要求学生把含有 X 变量与 Y 变量的情境描述为一个等式 ［形式］完成任务(如 1、2、3、5、8、13、21、_____);类比任务(如"国家"到"主席"如同"省"到"_____");奇特任务(如给学生提出 3 个物理问题,两个涉及同一原理,另一个涉及不同原理)
2.6 比较	［目标］学会对电路与一个比较熟悉的系统进行比较 ［样例］电路与通过管子的水流有什么相似之处 ［形式］映射(mapping),学生必须指出,一个客体、观念、问题或情境的每一部分怎样与另一个客体、观念、问题或情境的每一部分相对应
2.7 说明	［目标］说明影响 18 世纪重大历史事件的原因 ［样例］当学生阅读和讨论有关某国革命这个单元之后,要求学生建构一个战争发生的因果链 ［形式］推理任务(为给定的事件提供理由,如为什么当你拉起自行车打气筒的手柄时空气会进入打气筒);检修故障(如果你拉上与压下自行车打气筒多次,但仍不见空气出来,是哪里出了问题);重新设计(你如何改进自行车打气筒,使之能更好地使用);预测能力(如果你增加打气筒的直径将会发生什么)
3. 运用	
3.1 执行	［目标］学会用多位整数除多位整数 ［样例］给学生提供有 15 道整数除法练习题目的作业并要求学生求出商 ［形式］在执行中,给学生布置熟悉的任务,该任务可以用熟悉的程序完成,如一个执行任务是"$X^2+2X-3=0$,求 X"
3.2 实施	［目标］学会使用有效、高效和负担得起的方法从事一项研究课题,以说明一个具体研究问题 ［样例］给学生提出一个研究问题,要求他们制订一个研究计划,能满足所规定的有效、高效和负担得起的具体标准 ［形式］在实施中,给学生提出一个必须解答的不熟悉的问题
4. 分析	
4.1 区分	［目标］能在一个事物如何产生、发展的书面描写中选择主要步骤 ［样例］要求学生阅读描写闪电形成过程的一章,并把过程分解为主要步骤(如水汽上升成云、在云层内形成上升和下降气流、云层内的电负荷分离、一个梯级的先导负电从云层向地面运动、形成一个从地面向云层返回的电闪) ［形式］建构反应(即给予学生某种材料,要求学生指出哪部分是最重要的或有关的);选择反应(即给予学生某种材料,要求学生选择哪部分是最重要的或有关的)

（续表）

类目与 认知过程	教育目标与相应的评估样例以及可供选择的各种评估任务
4.2　组织	［目标］学会将历史描述组织成支持或反对某种解释的结构化证据 ［样例］要求学生写一个提纲,显示有关美国的文章中哪些事实支持和哪些事实反对如下结论:美国内战是由南北城乡组成成分差异引起的 ［形式］组织涉及在材料中增加结构(提纲、表格、矩阵或层级图),因此,评估任务包括建构反应(即要求学生为某一文段列出书面提纲)和选择反应
4.3　归属	［目标］学会根据理论观点确定一篇争论文章的作者的观点 ［样例］要求学生回答"关于亚马逊雨林的报道是根据支持环保的观点撰写的,还是根据支持商业的观点撰写的" ［形式］建构或选择体现作者观点或意图的描述,如"你所阅读的有关亚马逊雨林的文章的写作目的是什么"
5. 评价	
5.1　核查	［目标］学会核查说明文中的逻辑错误 ［样例］要求学生观看支持政党候选人的电视广告,并核查说明文中的逻辑错误 ［形式］评估任务可能包括学生创造的过程或产品、学生提供的过程或产品
5.2　评判	［目标］学会判断两种可能的方法中哪一种方法是解决特定问题的有效、高效的方法 ［样例］求两个整数相乘得到 60 的方法有哪几种? 可以求出 60 的所有质因子或用一个代数式解决此问题,让学生判断哪种方法比较好
6. 创造*	
6.1　生成	［目标］学会对社会问题生成多种有用的解答 ［样例］尽可能提出多种方式以保证每个人都有适当的方法 ［形式］建构反应任务,要求学生产生多种备选方案或假设
6.2　计划	［目标］能针对给定的某个历史课题制订一个研究论文计划 ［样例］要求学生在撰写有关美国革命的研究论文之前,交一份研究论文提纲,包括他进行研究时应遵循的步骤 ［形式］请学生拟定解题方案、描写或选择既定问题的解题计划

---

　　* 创造过程可以分解为三个阶段:问题表征,此时学生力求理解任务并生成可能的解答;解题计划,此时学生考察各种可能性并设计可能的计划;解题执行,此时学生成功地执行计划。因此,创造过程可以被设想为始于发散思维阶段,此时学生正努力理解任务并考虑多种可能的解答(即生成);接着是聚合思维阶段,此时学生设计出解答方法并将其转化为行动计划(即计划);最后是学生执行计划,并建构解答(即产生)。

（续表）

类目与认知过程	教育目标与相应的评估样例以及可供选择的各种评估任务
6.3　产生	［目标］学会写能满足具体学术标准的、属于某个特殊历史时期的文章 ［样例］要求学生写一篇发生在美国革命时期的文章 ［形式］要求学生创造符合某些规定的产品

上述认知领域目标分类学框架以及认知过程维度对应的教育目标及评估样例,对教师培训课程学习效果评价设计的意义在于:第一,根据课程目标的认知过程维度,确定学习考核作业的内容与形式;第二,用来分析已有教师培训课程目标、内容与评价任务之间的一致性。

三、实践应用

林老师及其团队根据"基于问题解决的班主任班务组织与管理"的课程目标,分解出单元学习目标,又根据单元学习目标确定认知任务,并设计了相应的评价形式与评价样题,如表9－4所示。

表9－4　"基于问题解决的班主任班务组织与管理"单元学习目标、评价形式与评价样题

课程名称	基于问题解决的班主任班务组织与管理
课程目标	1. 教师通过观看视频案例、学习相关理论、阅读相关文献资料、参加在线研讨等,学习班级班务组织与管理的基本方法,掌握基本操作步骤,能够结合校情、生情在实际班主任工作中具体运用 2. 教师通过序列化的学习过程,减少对班主任工作的恐惧,体悟到班主任工作的重要性与复杂性 3. 教师形成初步的关注细节、换位思考与认真负责的工作作风,并迁移到个人实际工作的其他方面
单元学习目标（以单元三"如何选班干部"为例）	1. 通过观看视频和分析研讨,新教师知道规范的中队干部选举的方法和注意事项 2. 通过阅读材料和分析判断,新教师了解中队干部选举中常见的问题及基本的解决方法

（续表）

学习环节	认知任务	评价形式与评价样题
现象思考	1. 观看情境视频 2. 开展互动研讨	［评价形式］ 写出想法 ［评价样题］ 1. 如何与同事、家长、朋友、学生沟通，回应他们的要求，请写出你的想法 2. 如何面对学生之间的拉票现象，请写出你的想法 3. 在班级选举中，家长有知情权吗？请写出你的想法 4. 在班级选举中，你还遇到过哪些问题
理论学习	1. 线上理论学习 2. 阅读推荐资源 3. 完成在线测试	［评价形式］ 在线客观题测试 ［评价样题］ 1. 小学选举班干部没有固定的流程 2. 目前小学班干部管理的类型有任命制、民主选举制、自由竞争制、轮换制等 3. 班主任把选举权完全交给学生 4. 在自由平等的气氛中，每个学生都可以参与班干部选举 5. 在选举班干部时，班主任参考该学生在班主任面前的表现、同学之间的交往即可，无须听取其他任课教师的意见 6. 队干部选举由各中队辅导员与科任教师具体组织实施 7. 选举工作应遵循公开、公平、公正、竞争的原则，其中，公开是指公开条件，公开岗位，人人都有权参加选举 8. 小学低年级学生的选举应采取教师引导的方法 9. 选举完毕，班主任还应发现和培养积极分子，尽可能使每个学生都有担任班干部的机会，减轻班干部的负担 10. 班主任新接班后，可以临时组建一个班委会，在班主任指导下开展工作。一切步入正轨且已摸索出较为成熟的工作思路后再选出新一轮的班委会
案例分析	1. 开展互动研讨 2. 观看案例诊断视频	［评价形式］ 写出想法 ［评价样题］ 1. 你心目中的班干部标准是什么 2. 通过学习，你觉得班干部标准中的核心词是什么 3. 试着写出班干部选举的流程 4. 以上哪一条经验对你的帮助最大，这条经验能够帮助你解决什么问题，你有什么值得分享的经验吗 5. 选举只是班干部的产生过程，选举结束后还有哪些需要班主任跟进的工作

（续表）

学习环节	认知任务	评价形式与评价样题
理论学习	1. 线上理论学习 2. 完成在线测试	［评价形式］ 在线客观题测试 ［评价样题］ 1. 班干部选举中其他任课教师有权参与 2. 小学生年龄小，班干部选举后无须进行具体分工 3. 对于没有当选又确有能力的学生，班主任可以通过增设小岗位的办法激励学生 4. 对于落选的学生，教师应进行必要的心理疏导 5. 参与班干部选举是每个学生的权利 6. 新一届中队干部选举产生后，就意味着新一届中队委员会的成立 7. 选举前要进行中队干部换届选举的动员 8. 选举时采用不记名差额选举的方式 9. 选举的候选人采取个人自荐和民主推荐两种形式 10. 中队干部的换届选举可以一学期一次，也可以一学年一次
实践反思	实践操作	［评价形式］ 实践建构 ［评价样题］ 根据今天的学习，参与设计一次班级中（小）队干部选举，谈谈你的感想 ［作业要求］ 1. 设计时，可以从制定中队干部换届选举方案、进行中队干部换届选举动员、确定中队干部候选人名单、举行选举仪式、成立新一届中队委员会、进行队委会分工几个方面进行思考 2. 在整个设计过程中，针对最难克服和解决的环节，写下自己的困惑 3. 选举过程中，要顾及队员们的心态和情感，把感悟最深的地方写下来

第二节

培训成效的综合评估

如何综合评估学员的课程学习成效

在完成了"基于问题解决的班主任班务组织与管理"学员学习考核作业设计后,林老师及其课程开发团队都很开心。课程设计的任务接近尾声,大家都期待着好好放松一下。

这时,白老师欲言又止。林老师看到了,问白老师想说什么。

白老师:我有一个困惑,我不知道当讲不当讲。我在教师培训中发现有这样的学员,他们很少出勤,但也能按时交作业,完成学习任务,这样的学员与每次都能出勤的学员在考核结果上要有所区分吗?

大部分老师认为要有所区分。也有少部分老师认为结果好就行。

白老师的话也触动了其他老师的思考。

李老师:这样说,我也有个困惑。我们有些作业要求学员回到工作岗位上进行应用,我们怎么知道他们是否应用了? 用和不用的学员有区别吗?

这时,有老师开玩笑说:李老师,你想得还挺远的。学员回去用不用跟我们没关系吧。

这时,张老师也说出了自己的困惑:有些学员当时学得挺好的,回去不到两周全忘了。大家说这样的培训算有成效吗?

大家陷入了深思。是啊,这些问题要怎么解决呢?

思考:

1. 面对面培训的出勤率应该成为评价的指标吗?

2. 学员回到工作岗位中应用与否,如何评价?

3. 学习成效评价仅仅是在学习结束时进行的吗?

关于上述三个问题,您的意见是:

1. _____

2. _____

3. _____

林老师及其课程开发团队这次遇到的问题可以归纳为两个。第一,学员学习评估的维度与层次问题,这关系到对评估模式的理解与选择。第二,学员学习评估的具体方法问题,这关系到评估的工具与方法。

一、柯克帕特里克的四层次评估模型

模型是一定理论思想直观、简洁的描述,是实践活动规范性、程序性的概括。在本书中,教师培训课程学习评价模型是指对教师培训课程学习效果进行评价的维度、层次、程序与方法的综合。

在人力资源培训评价领域,美国威斯康星大学从事管理学研究工作的教授唐纳德·L. 柯克帕特里克(Donald L. Kirkpatrick)于 1959 年提出的反应(Reaction)、学习(Learning)、行为(Behavior)、结果(Results)四层次培训评估模型最具影响力,被称为培训评估领域的经典。该模型解决了培训评估的一些基本问题,并提供了进行培训评估的思路与方法。国内外学者在研究培训评估时都会不约而同地介绍柯克帕特里克的四层次评估模型。虽然也有不少学者对该模型产生怀疑,提出了新的模型,但基本上都没有离开柯克帕特里克模型的核心。

该模型认为,评估必须回答四个方面的问题,从四个层次分别进行评估,即评估学员的反应(参训者的满意程度)、学习(知识、技能、态度、行为方式等方面的收获)、行为(工作中行为的改进)、结果(参训者获得的经营业绩)对组织的影响。第一个层次:反应,指学员对培训项目的感受,更准确地说就是学员喜欢培训项目的程度。第二个层次:学习,指学员理解并掌握的知识与技能,不考虑这些知识与技能在工作中的运用。第三个层次:行为,指在工作中运用知识与技能的表现以及工作的态度等,也可以理解为工作的绩效。第四个层次:结果,用来描述企业目标的实现。柯克帕特里克的四层次评估模型如表 9-5 所示。

表9-5 柯克帕特里克的四层次评估模型

评估层次	内容	可询问的问题	衡量方法
反应	观察学员的反应	1. 学员喜欢该培训课程吗 2. 该培训课程对学员有用吗 3. 学员对培训师及培训设施等有何意见 4. 学员课堂反应是否积极主动	问卷调查、评估调查表填写、评估访谈
学习	检查学员的学习结果	1. 学员在培训项目中学到了什么 2. 培训前后,学员在知识、技能等方面有多大程度的提高	评估调查表填写、笔试、绩效考核、案例研究
行为	衡量学员培训前后的工作表现	1. 学员在行为上有无改变 2. 学员在工作中是否能用到培训所学的知识、技能	由上级、同事、客户、下属进行绩效考核、测试、观察和绩效记录
结果	衡量学员所在公司经营业绩的变化	1. 学员行为改变对组织的影响是否积极 2. 组织是否因学员参与培训而经营得更好	事故率、生产率、流动率、士气考察

这四个层次间存在着因果关系,依次从简单到复杂。后一个层次的评估受前一个层次的评估结果的影响。培训效果的第四个层次受到很多因素的影响,直接对培训项目的影响作用进行评估几乎是不可能的。四个层次的评估都很重要,可以为确定培训的效果和改进培训项目提供有意义的信息和数据。然而,柯克帕特里克一再强调,参训者对培训项目的良好"反应"并不代表其从培训中真正"学习"到了东西。

柯克帕特里克的四层次评估模型被广泛用于商业、工业等领域中的项目质量评估。但古斯基认为,这一模式虽然有助于解决众多"是什么"的问题,但却无力解决"为什么"的问题,因此在教育中的使用比较有限。为此,美国肯塔基大学教育政策与评价系教授托马斯·R.古斯基(Thomas R. Guskey)以柯克帕特里克的四层次评估模型为基础,在教师专业发展评估领域对该模型进行了调整,构建了教师专业发展活动效果五层次评估模型。

二、古斯基的教师专业发展活动效果五层次评估模型

在古斯基看来,教师专业发展是指"增进教育者专业知识、技能和态度的过

程和活动",包括各种各样的外部培训活动、基于现场的策略以及个体自主专业发展活动等。总之,专业发展是一个有着多种形式、有意识、持续和系统的过程。为了更好地理解专业发展的具体效果和有效性条件,需要对专业发展项目和活动的质量进行评估,从而使其不断得到完善。古斯基的教师专业发展活动效果五层次评估模型如表9-6所示。①

表9-6 古斯基的教师专业发展活动效果五层次评估模型

层次	评估内容	要解决的问题	信息收集方法	信息使用
学员反应	对于经历的初始满意度	1. 学员喜欢培训安排吗 2. 培训时间安排合理吗 3. 培训材料有意义吗 4. 培训活动有用吗 5. 培训者知识渊博且对学习有帮助吗 6. 点心新鲜可口吗 7. 椅子舒服吗	1. 在一个学习阶段或活动结束时发放调查问卷 2. 焦点小组 3. 访谈 4. 个人学习日志	用来改善项目设计和传播
学员学习	学员的新知识与新技能	学员习得所期望的知识与技能了吗	1. 纸笔测试 2. 模拟和演示 3. 学员反思(口头或书面的) 4. 学员档案袋 5. 案例研究分析	用来改善项目内容、格式和组织
组织的支持和变化	组织的倡导、支持、适应、促进和认可	1. 培训给组织带来什么样的影响 2. 培训影响组织的氛围和程序了吗 3. 培训内容的实施得到倡导、组织和支持了吗 4. 支持公开和明显吗 5. 问题得到有效解决了吗 6. 学员得到充足的资源了吗 7. 学员的成功得到认可和分享了吗	1. 学区和学校记录 2. 后续会议记录 3. 发放调查问卷 4. 焦点小组 5. 对学员、学校、学区管理人员进行结构化访谈 6. 学员档案袋	1. 用来证明和改善组织支持 2. 为未来变化提供信息

---

① (美)托马斯·R.古斯基.教师专业发展评价[M].方乐,张英,等译.北京:中国轻工业出版社,2005.在原文的基础上有所调整。

（续表）

层次	评估内容	要解决的问题	信息收集方法	信息使用
学员应用新知识与新技能	实施的程度与质量	学员有效地应用新知识与新技能了吗	1. 发放调查问卷 2. 对学员及其导师进行结构化访谈 3. 学员反思（口头或书面的） 4. 学员档案袋 5. 直接观察 6. 录音或录像带	用来证明和改善项目内容的实施
学员学习结果	认知方面（绩效与成就）、情感方面（态度与气质）、身体运动（技能与行为）	1. 培训对学生有什么影响 2. 培训影响学生绩效或成就了吗 3. 培训影响学生身体或情感福利了吗 4. 学生成为更自信的学习者了吗 5. 学生的出勤率在逐步提高吗 6. 学生的辍学率在逐步降低吗	1. 学生记录 2. 学校记录 3. 发放调查问卷 4. 对学生、家长、教师和管理人员进行结构化访谈 5. 学员档案袋	1. 为了关注和改善项目设计、实施和后续的所有方面 2. 为了证明专业发展的全部影响

第一个层次，学员反应。学员反应是指学员是否喜欢他们的专业发展项目或活动。评估内容涉及专业发展的内容问题、过程问题和场景问题三大类。学员反应信息的收集工作通常在一个学习阶段或活动结束时，通过发放调查问卷的方式来进行。收集学员反应的证据有助于解释发生了什么和为什么会发生，从而指导专业发展项目或活动设计的改进。

第二个层次，学员学习。该层次主要评估专业发展活动是否促使学员在知识、技能、态度、信念上发生变化。收集该层次信息的方式是多样的，如评价表、访谈、学员个人学习日志、学员反思、案例研究、模拟与示范、纸笔测试。为了对学员学习进行评估，通常采用前测与后测对比测量以及运用对照组等方法。

第三个层次，组织的支持和变化。该层次的评估主要是审查与特定的专业发展活动相关的组织的支持和变化程度,包括组织政策、资源、保护活动不受干扰、实验的开放性和恐惧性的减少、合作支持、校长的领导和支持、更高层次管理者的领导和支持、对成功的认识、时间上的保证等。收集该层次信息的主要方式有直接观察、有关记录分析、问卷、访谈、焦点小组、学员个人学习日志、学员反思、学员档案袋。收集该层次的信息,有助于记录与成功相伴随的组织状况,有助于解释没有取得重大进步的可能原因。

第四个层次,学员应用新知识与新技能。古斯基强调:"若要取得本层次评价的成功,要应对四项挑战。第一,确定应用新习得的知识和技能后有准确、适当和充分的行为反应。第二,在确定这些指标时,必须明确与新习得的知识和技能有关的那些行为应用的量(应用的频率和规律)和质(应用的恰当性与充分性)的维度。第三,必须判定是否有足够的时间用于相关之处。第四,必须要有足够的灵活性适应环境。"①该层次的评估主要是审查学员是否将专业发展活动中所学新知识和新技能用于实践,是否已引起其专业行为或活动的改变,以及学员是如何应用或如何改变其专业行为或活动的。收集该层次的信息一般要在学员获得了充足时间、反思了所学知识并将新思想应用于特定环境之后,可通过直接观察、与各方面的人进行访谈或会谈、发放调查问卷等方式,收集与新知识和新技能应用指标相关的信息。

第五个层次,学员学习结果。对学生的学习产生影响是教师专业发展的最终目标。该层次的评估主要是审查学员行为改变对学生产生的具体影响,即专业发展活动是否以某些方式让学生受益,是否提高了学生的成绩,是否改变了学生的行为,是否引起了学生态度或观念的转变。当然,这里假设规划好专业发展活动时,就有了明确的学生学习目标。然而,要客观地评估特定的专业发展活动对学生学习的影响,并非易事。因为,在专业发展活动与学生学习之间存在着许多复杂多变的因素。要收集学生的学习成果与特定的教师专业发展活动之间有因果关系的确凿证据相当具有挑战性。在确定收集什么信息以及如何收集信息之外,还有三点也非常重要。第一,评价时机的选择。一般来说,定期和连续地收集学生学习成果信息的做法是最可取的。第二,利用前测和后测评估学生学

---

① (美)托马斯·R.古斯基.教师专业发展评价[M].方乐,张英,等译.北京:中国轻工业出版社,2005.

习成果。第三,利用对照组评估学生的学习成果。

前四个层次关注的是参与者自身及参与者所处的组织。古斯基始终强调,每个层次都提供了重要信息,代表了评价过程中一个独一无二的维度。这五个层次由简单到复杂,后一个层次都建立在前一个层次的基础上,也就是说,前一个层次成功是后一个层次成功的必要条件。

三、对教师培训课程学习评估的启示

综合柯克帕特里克的四层次评估模型和古斯基的教师专业发展活动效果五层次评估模型,笔者认为,教师培训课程学习评估可以分为六个维度,分别是学员参与教师培训课程学习的积极性(简称"学员培训参与"),学员对教师培训课程的主观满意度(简称"学员反应"),学员从教师培训课程中学到的新知识、技能与态度(简称"学员学习"),学员在工作中应用从教师培训课程中学到的新知识、技能与态度(简称"学员对培训所学的应用"),学员应用教师培训课程所学给组织带来的影响(简称"应用对组织的影响"),学员应用教师培训课程所学对学生学习的促进(简称"应用对学生学习的促进"),如表 9 - 7 所示。

表 9 - 7 教师培训课程学习评估模型

维度	内涵	具体内容	数据收集方法	目的
学员培训参与	学员在活动中积极、认真、投入的状态	1. 学员的出勤率是否高 2. 学员上课是否积极、认真 3. 学员是否积极、认真地完成作业等考核要求 4. 学员之间、学员与培训者之间的自主交流是否频繁	1. 考勤记录 2. 作业完成情况的统计 3. 任课教师、组班教师等相关人员的课堂观察与记录 4. 对任课教师、组班教师或学员进行访谈、问卷调查 5. 查看学员笔记 6. 查看学员作业 7. 查看相关记录	1. 评价培训对学员的吸引力 2. 诊断培训中存在的问题

（续表）

维度	内涵	具体内容	数据收集方法	目的
学员反应	学员对活动的主观满意度，即学员是否认为自己所接受的培训有价值	1. 学员对培训课程的反应如何？学员喜欢培训课程吗？学员觉得培训课程对自身有用吗？学员觉得时间花得有价值吗？学员觉得每项具体内容的培训方式适切吗 2. 学员对培训者的反应如何？学员喜欢、信服培训者吗？学员觉得具体课程的培训者是最合适的培训者吗 3. 学员对培训的组织工作、设施及服务的反应如何？学员对培训组织工作、设施及服务满意吗	1. 在一个学习阶段或活动结束时发放调查问卷 2. 对学员、任课教师或组班教师进行访谈 3. 与学员、组班教师或任课教师进行座谈 4. 查看学员个人学习日志 5. 查看其他相关记录或文档	1. 评价学员对培训的满意度 2. 诊断培训中存在的问题 3. 完善培训的设计与实施
学员学习	学员从活动中实际学到的东西	1. 学员习得所期望的知识与技能了吗 2. 学员习得所期望的态度与价值观了吗	1. 对学员进行问卷调查、访谈 2. 纸笔测试 3. 学员的模拟与演示 4. 查看学员反思（口头或书面的） 5. 查看学员档案袋 6. 查看学员个人学习日志	评价学员的学习效果
学员对培训所学的应用	学员在实际工作中应用培训所学带来的行为变化	1. 学员是否在实际工作中应用了从培训中习得的新知识与新技能 2. 学员是如何在实际工作中应用从培训中习得的新知识与新技能的 3. 学员在实际工作中应用从培训中习得的新知识与新技能后，工作行为有何变化	1. 对学员进行追踪调查 2. 查看学员应用记录与反思 3. 对学员及其学生、关系密切的同事、直接领导进行结构化访谈 4. 现场观察 5. 查看相关文档	1. 衡量学员学以致用的程度 2. 分析影响学员应用培训所学的因素

（续表）

维度	内涵	具体内容	数据收集方法	目的
应用对组织的影响	学员在实际工作中通过应用培训所学对组织的政策、文化等产生的影响	1. 学员是否与同事分享了个人的新尝试 2. 学员是否促进了同事专业行为的改进 3. 学员是否促进了学校相关政策的改进 4. 学校是否因学员应用培训所学取得了更好的成绩？学校的升学率、生源是否有所改善？学校在同行、家长、学生心目中的地位是否有所提升？学校获得的荣誉是否有质与量上的提升	1. 对学员进行追踪调查 2. 对学员、关系密切的同事、直接领导进行结构化访谈 3. 查看相关文档	1. 衡量学员应用培训所学对组织的影响程度 2. 分析影响学员应用培训所学的因素
应用对学生学习的促进	学员在实际工作中通过应用培训所学对学生学习产生的影响	1. 学生的学习成绩是否因教师应用培训所学而有所提高 2. 学生的身体和情感是否因教师应用培训所学而有所发展 3. 学生是否成为更自信的学习者	1. 对学员、相关学生、同事、领导进行问卷调查与访谈 2. 对学生进行测试 3. 查阅相关文档	衡量学员应用培训所学对学生学习的影响程度

　　由此可见，具体的教师培训课程开发者在设计培训课程学习评价时，可以依据课程目标，从六个维度中选择最适切的维度，明确每个维度的评价内容与要求，设计适切的评价工具，收集相关的数据，从而对课程学习效果进行评估。

　　林老师及其课程开发团队经过理论学习，从学员培训参与、学员反应、学员学习三个维度，设计了"基于问题解决的班主任班务组织与管理"学习评估框架，如表9-8所示。

表9-8　"基于问题解决的班主任班务组织与管理"学习评估框架

维度	权重	评价内容	合格水平的要求	评价目的
学员培训参与	30%	1. 学员现场学习出勤率或线上视频课程学习完成率 2. 学员作业（线上讨论、线上测试、作业提交等）完成率	1. 学员现场学习出勤率达到85%及以上；线上视频课程学习完成率达到85%及以上 2. 学员作业完成率达到85%及以上	1. 督促学员学习 2. 作为学员学习合格与否的一个判断标准

（续表）

维度	权重	评价内容	合格水平的要求	评价目的
学员反应	15%	学员对教师培训课程内容、实施、组织与管理、培训者等的满意度	学员对教师培训课程的总体满意度达到良好及以上	发现教师培训课程的优点与不足，以便更好地完善教师培训课程
学员学习	55%	学员达成教师培训课程目标的程度	1. 学员在客观题测试中的正确率达到80%及以上 2. 学员主观题或建构性作业的完成质量较高，分数达到70分及以上	评价学员的学习效果

第三节

教师培训课程满意度评价

┌─ 情境 ─┐

如何对教师培训课程及其组织实施进行评价

经过艰难的探索,林老师及其课程开发团队终于完成了"基于问题解决的班主任班务组织与管理"课程开发工作。在第一轮实施即将结束时,他们收到了区级师训机构的通知,要求学员在这门课程学习结束后,填写一份"××区区级课程效果反馈调查表",以了解学员对课程的满意度,为课程评估与改进提供参考。即使没有区里这一要求,林老师及其课程开发团队也打算做这件事。现在区里设计好了课程效果反馈调查表,林老师觉得任务减轻了一些,但心里对调查结果及可能的后果有着隐隐的焦虑。

后来,林老师了解到,区里的课程效果反馈调查表注重从课程总体感受、培训设计、培训组织与实施、培训收获、培训者的能力等方面了解学员的主观感受。林老师暗下决心,以后一定要从这些方面不断改进与完善课程。

上述情境中,林老师所在的区级师训机构进行的课程评价,属于教师培训课程学习评估模型中"学员反应"层次的评价,旨在了解学员对培训设计、培训组织与实施、培训者的能力等方面的主观满意度。

其实,评价除了了解学员对教师培训课程的反馈,还可以了解培训实施者、培训管理者等相关人员对教师培训课程的反馈;除了采用问卷调查方法,还可以采用访谈、文本材料收集等方法。本节着重探讨学员对教师培训课程满意度的评价方法。

一、学员反应的评价内容

评价学员反应就是了解学员对所经历的教师培训课程的意义、价值以及培训各要素的看法。这通常涉及 8 个方面的内容,分别是:(1)学员对教师培训课程内容的反应;(2)学员对培训教师的反应;(3)学员对培训形式的反应;(4)学员对培训考核形式的反应;(5)学员对培训时空的反应,包括学员对活动时间安排、地点以及教室设备、环境适切性的看法等;(6)学员对教学管理与教学服务的反应;(7)学员对培训食宿及其他服务的反应;(8)学员对培训大环境的反应。

收集学员反应的方法除了对学员进行问卷调查与访谈,还包括对任课教师或教师专业发展活动的管理者进行访谈,也包括查看学员的个人日志、其他相关记录或文档。这些信息可以用来衡量学员对所经历的教师专业发展活动的总体感受与看法,也可以用来诊断培训中的问题,从而改进或完善以后相应的培训设计与实施。需要说明的是,我国当前对教师培训活动培训效果的衡量,主要停留在学员反应的层次上。下面仅对了解学员反应的一些常用方法进行介绍。

二、学员反应的评价方法

(一) 调查问卷

调查问卷是收集学员对教师培训课程反应信息的最常用的手段。根据问卷题目的类型,大致可以把调查问卷分为结构式调查问卷、非结构式调查问卷和混合式调查问卷三种类型。

1. 结构式调查问卷

又称封闭式问卷,是指把问题答案事先加以限制,只允许在问卷限制的范围内进行挑选。

2. 非结构式调查问卷

又称开放式调查问卷,由自由作答的问题组成。这类问卷在提出问题后,不列出可能的答案,由调查对象自由陈述。就题型而言,可以分为填空式和问答式两种。

一般在两种情况下,考虑使用非结构式调查问卷。一是较深层次的问题研究。调查对象不受研究者和问题答案选择范围的限制,根据各自对问题的实际理解回答。这种问卷能如实地反映出调查对象的态度、特征、对有关情况的了解程度以及所持看法的依据等。因此,这种问卷往往用于探讨那些只能进行描述性分析的较复杂问题,以获得有关人员对某些问题的看法。二是在研究初期,研究人员对所研究的问题或研究对象的有关情况还不十分清楚的情况下,可以采用开放式调查问卷来辅助设计封闭式问卷。一般的做法是:先在小范围内进行开放式问卷调查,并对搜集的资料进行归纳分析;在掌握相当的资料后,再采用封闭式问卷进行较大规模的调查并进行定量分析。因此,在一定意义上,开放式问卷调查是封闭式问卷调查的基础。

采用非结构式调查问卷搜集到的材料丰富、具体,甚至还能得到许多意想不到的有价值的资料。但由于答案不集中、材料分散等不足,研究人员很难对答案进行横向比较,不易进行统计处理。

3. 混合式调查问卷

混合式调查问卷一般以封闭性问题为主,根据需要加上若干开放性问题。也就是说,把研究人员对可能的选项比较清楚、有把握的问题作为封闭性问题提出,而把研究人员尚不十分明了的问题作为开放性问题放入,但数量不能过多。经调查,在积累一定材料基础上,问卷中的某些开放性问题就有可能转变为封闭性问题,这也是问题设计时常常使用的技巧。

以下是一份混合式调查问卷。

┌ 调查问卷 ┐

学员反应调查问卷

培训内容:＿＿＿＿＿＿＿＿＿＿＿＿＿＿＿＿

培训日期:＿＿＿＿＿＿＿＿ 本人职位:＿＿＿＿＿＿＿＿

本人任教年级/任教学科:＿＿＿＿＿＿＿＿＿＿＿＿

请您花费几分钟的时间完成如表9-9所示的学员反应评价表,您的评价对于改进培训工作来说非常重要。请您在您认为相对应的栏中打"√",并针对后面的问题发表自己的看法。谢谢您的配合。

表9-9 学员反应评价表

评价维度	学员反馈	演讲者A	演讲者B	演讲者C	演讲者D	演讲者E	演讲者F	演讲者G
1. 演讲内容包含新知识的程度	绝大多数是新知识							
	多数是新知识							
	半数是新知识							
	一小部分是新知识							
	极少部分是新知识							

（续表）

评价维度	学员反馈	演讲者 A	演讲者 B	演讲者 C	演讲者 D	演讲者 E	演讲者 F	演讲者 G
2.演讲内容的有用性	非常有用							
	多数有用							
	半数有用							
	一小部分有用							
	几乎没用							
3.演讲内容的透彻性	全部理解							
	多数理解							
	半数理解							
	一小部分理解							
	几乎不理解							
4.演讲者的教学技巧	非常好							
	比较好							
	一般							
	乏味							

5.哪些知识是有用的知识？

_____

6.哪些知识是您已经了解或不需要的知识？

_____

7.您认为应当有而实际上却没有的内容是什么？

_____

8.关于培训形式,您有哪些改进建议？

_____

4.在培训实施过程中使用调查问卷的注意事项

了解学员对培训实施过程反应的调查问卷遵循编制和使用调查问卷的一般准则。这里对尤其需要注意之处进行简要的说明。

第一,编制问卷前,必须明确问卷的编制目的与使用范围。在培训实施过程中使用调查问卷来了解学员反应的目的是收集学员对培训实施各个方面的反应信息,以便及时调整、完善培训内容,提高培训质量。

第二,选择适当的学员样本来填写调查问卷。在规模较大的教师专业发展活动中,研究人员要收集所有学员对某一特定专业发展经历的反应信息存在一定困难时,可以选择一个较小的学员样本,但要确保样本选择的随机性,能够代表学员群体。

第三,学员填写调查问卷时培训者应适时离开。学员反应信息的收集工作通常是在一个学习阶段或活动结束时通过发放调查问卷的方式进行的。培训者一般会在学习阶段结束前留出 10 至 15 分钟的时间,让学员填写调查问卷。为了保证学员真实地回答问题,在他们填写调查问卷时,有关培训教师或培训人员一般要离开房间或远离学员,并在学员离开会场时,收集调查问卷,以便获得每位学员真实的评价信息。

第四,在统计时,某些分数不能被视作一个绝对数值来计算。在一些量表式的问卷题目中,每个选项都有代表分数,例如,"1=完全不同意,2=不同意,3=同意,4=完全同意";再如图 9-1 中,在"有趣"与"无聊"之间,有 6 个等级,分别用 1、2、3、4、5、6 六个分值来表示。

图 9-1 量表选项

在进行统计分析时,研究人员不能把学员选中的分值作为一个绝对数值来计算。因为不同学员区分"极其有趣""不太有趣"等的标准差异很大,某些学员选择了"1",这并不总是代表着他(她)认为实际情况确实不能再有趣了。如果研究人员先把学员对不同题目的打分进行平均或合计总分,再加以比较则结果更糟。可以采取的做法是把这些分数作为代码来统计。

(二)访谈

访谈法是指有关人员与学员面对面进行交谈,以口头问答的形式来了解学员对教师培训课程的反应。根据是否有完整、详细的计划,访谈可以被分为结构化访谈、半结构化访谈和非结构化访谈三类。结构化访谈有详细的访谈计划,访谈问题和提问的顺序都是事先确定好的。非结构化访谈事先没有完整的计划,访谈人员从访谈对象对随访问题的回答中,获取所需信息。半结构化访谈是指访谈人员对访谈目的与内容有事先的思考,访谈对象可以就有关问题进行自由发挥,访谈人员在听的过程中找到线索,并根据线索追问下去。在实际评估学员反应的过程中,访谈人员可以根据实际需要决定采用何种形式的访谈。

不管采用何种形式的访谈,大多数的访谈都由与专业发展活动并不直接相关的人员主持。访谈对象可以是全部学员,也可以是个别学员,但通常情况下是抽样得到的若干学员。在访谈中提出的问题,通常都集中在重要的内容、过程、场景方面。访谈人员要给学员提供自由、充分表达看法的机会,让他们明确或扩展自己的回答,以充分了解学员对教师培训课程的真实反应。访谈的非匿名性多少使学员存有一定的顾虑,特别是在学员对培训有负面反馈时。为此,访谈人员必须向学员说明访谈对个人身份的保密性,使学员消除顾虑,感受到安全。

以下是一份用于了解学员对教师培训课程的内容、过程、场景满意度的访谈提纲。这份访谈提纲具有一定的形成性评价功能。当然,在实际应用中,访谈人员可以根据需要对其内容进行调整。

访谈提纲

学员反应访谈提纲

一、关于培训内容

- 本次培训的内容是否符合您的实际需要?
- 本次培训中,您觉得有用的内容是什么? 为什么?
- 本次培训中,您觉得不需要的内容是什么? 为什么?
- 本次培训中,您觉得需要但实际上却没有安排的内容是什么?
- 本次培训中,您具体的收获有哪些?

二、关于培训形式

- 您认为,本次培训时间安排如何?
- 您认为,本次培训各种培训形式之间的结构安排如何?
- 您认为,本次培训形式上有哪些闪光点?
- 您认为,本次培训形式上有哪些不足,应如何改进?

三、关于培训讲师

• 本次培训中,您喜欢的培训讲师有哪些? 为什么?

• 本次培训中,您不喜欢的培训讲师有哪些? 为什么?

• 您心目中理想的培训讲师是什么样的?

四、关于培训后的行动

• 您认为,本次培训中您能够运用到实际工作中去的知识有哪些?

• 请尽可能多地写下,通过本次培训,您能想到的回到工作岗位后希望尝试的行动设想。

五、关于培训的组织

• 本次培训的管理者是否向您了解过您的培训需求?

• 本次培训在制定方案时,是否咨询过您的意见?

• 本次培训在开展之前,您是否收到过有关本次培训安排的详细信息?

• 您对本次培训后勤工作(就餐、住宿、交通)的感觉如何?

• 您对本次培训场地、设施的感觉如何?

• 您认为,本次培训的组织工作中,有哪些地方值得赞扬?

• 您认为,本次培训的组织工作中,有哪些地方需要调整? 应如何调整?

六、关于培训的整体感觉

• 您认为本次培训投入的时间和费用对于培训收获来说值得吗? 为什么?

在使用访谈法时,访谈人员尤其要注意追问。由于访谈人员问题不清晰或学员理解上的偏差,在访谈中总会出现学员所答并非访谈人员所问的现象,在这种情况下访谈人员就需要进一步追问。有时,学员会提供一些访谈人员没有预期到的有价值的信息,访谈人员可能需要对其进行深入的了解,在这种情况下,追问也就在所难免。因此,把握追问的时机和掌握追问的艺术是一个好的访谈人员必备的技能。

此外,观察尤其是直接观察能够较好地反映出学员在培训中的参与程度。采用直接观察时,最好有培训讲师介入。

┌ **互动 4** ┐

先咨询身边一位富有经验的教师,询问他(她)对学员学习评价要点的理解;

再咨询身边一位富有经验的教师培训者,询问他(她)对学员学习评价要点的理解,并填写在表9-10中。比较两者的相同点与不同点,并填写在表9-11中。

表9-10　教师和教师培训者对学员学习评价要点的理解

教师对学员学习评价要点的理解	教师培训者对学员学习评价要点的理解

表9-11　两者的相同点与不同点

比较项	相同点	不同点
教师对学员学习评价要点的理解		
教师培训者对学员学习评价要点的理解		

~~~~~~

互动 1 参考答案

表 9 - 12　互动 1 答案

培训目标	评估任务	评估形式
1. 能够独立设计一门规范、有效的教师培训课程	6. 自己设计一门 4 课时的教师培训课程,并说明这门课程的创新之处	5. 自建构
2. 掌握教师培训课程选题标准	5. 运用所学的教师培训课程选题标准,评价以下教师培训课程选题是否适当,如果不恰当,请给出改正建议	2. 判断并给出建议
3. 能够结合具体案例分析其中用到的内容组织逻辑模式	4. 认真阅读以下课程内容大纲,说说它在内容组织上采用了哪些逻辑模式,并加以简要说明	3. 案例分析
4. 运用所学的开场方法,提高开场设计能力	3. 运用所学的开场方法,为自己的教师培训课程设计一个精彩的开场	6. 实践操作
5. 知道培训教学流程的 9 个环节	1. 写出培训教学流程的 9 个环节	1. 填空题
6. 理解培训教学目标撰写的 ABCD 法则	2. 指出以下培训教学目标中存在的不当之处	4. 找错题

教师培训课程效果的评估不仅可以检测教师培训课程的目标达成度,还可以评价教师培训课程的优缺点,从而为教师培训课程的完善指明方向。

第十章
培训课程的制作

「互动 1」

请在不属于培训课程制作的选项上打"√"。

A. 制作课件   B. 组织课程验收

C. 编写教案   D. 编写手册

E. 试讲课程   F. 研制培训工具包

G. 制作视频脚本

（参考答案见本章末）

第一节

课程讲义与课程脚本

一、课程讲义

课程讲义是教师为讲课而编写的讲义。课程讲义没有固定的格式,把知识和道理准确表达出来即可。课程讲义有助于培训者的教与学习者的学,是培训者教学的重要参考,也是学习者学习的重要材料。

以下是王老师编写的一份课程讲义(节选)。

┌ **课程讲义** ┐

第一单元"罗森塔尔效应"与赏识教育
第一课　走进"罗森塔尔效应"

一、"罗森塔尔效应"的起源

(一) 一则神话故事

古希腊有一则美丽的神话故事。塞浦路斯的国王皮格马利翁是一位有名的雕塑家。他用象牙精心地雕塑了一位优雅、美丽的"少女"。他深深爱上了这位"少女",并给它取名盖拉蒂。他给盖拉蒂穿上美丽的长袍,拥抱它,亲吻它,他真诚地期望自己的爱能被"少女"接受。但它只是一尊雕像。国王皮格马利翁感到很绝望,他不愿意再受这种单相思的煎熬,于是,他就带着丰盛的祭品来到阿弗洛狄忒的神殿向她求助,他祈求她能赐给他一位如盖拉蒂一样优雅、美丽的妻子。他的真诚感动了阿弗洛狄忒女神,她决定帮他。国王皮格马利翁回到家后,径直走到雕像旁,凝视着它。这时,雕像发生了变化,它的脸颊慢慢呈现出血色,它的眼睛开始释放出光芒,它的嘴唇缓缓张开,它的面部露出甜美的微笑。盖拉蒂向国王皮格马利翁走来,她用充满爱意的目光看着他,浑身散发出温柔的气息。不久,盖拉蒂开始说话了。国王皮格马利翁惊呆了,一句话也说不出来。雕像成了他的妻子,他称他的妻子为伽拉忒亚。

在这个故事中,国王皮格马利翁的期待是真诚的,没有这种真诚,他自然无法打动爱神。这种期待、这种真诚的作用真的如此巨大吗?虽然这只是一个神话故事,但是这种心理力量还是深深吸引着心理学家的目光。

(二) 一个有趣的实验

1963 年,美国心理学家罗森塔尔和助手福德进行了一个著名的白鼠实验。他们把一群白鼠随机分成 A 组和 B 组,告诉 A 组的学生实验者他们这一组的白鼠非常聪明,告诉 B 组的学生实验者他们这一组的白鼠智力一般。几个月后,罗森塔尔和助手福德对这两组的白鼠进行穿越迷宫测试,发现 A 组的白鼠竟然真的比 B 组的白鼠聪明,能够先穿越迷宫并找到食物。

动物实验取得了不错的效果,罗森塔尔决心把实验进行到底。1968 年,罗森塔尔和助手福德来到一所小学,他们从一至六年级中各选 3 个班的学生进行了一次“未来发展趋势测验”(即智力测验)。当所有的测验卷被收上来后,罗森塔尔随机从各班抽取了几张测验卷,并煞有介事地以赞赏的口吻将一份“最有发展前途者”的名单交给了校长和相关教师,叮嘱他们务必要保密,以免影响实验结果的准确性。其实,他撒了一个“权威性谎言”,因为名单上的学生根本就是随机挑选出来的。但是,8 个月后,奇迹出现了,凡是出现在名单上的学生,个个成绩都有了较大的进步,而且性格更为开朗,求知欲望更强,敢于发表意见,与教师的关系也特别融洽。几年后,这些学生变得更加优秀。

(三) 结论与发现

为何会产生这一结果呢?原因就在于,罗森塔尔以权威者的身份和一番煞有介事的“预言”,使得教师确信名单上的这些学生就是“最有发展前途者”,从而激发了教师的热情,坚定了教师对这些学生的信心,以至于教师在日常的教育教学活动中,总会情不自禁地给予这些学生某种“偏爱”,使得这些学生在教师的关心和帮助下健康成长。在这个实验中,教师受到了实验者的暗示,对这些学生寄予期望,并且通过态度、表情和行为将这种期望传递给学生,使之受到鼓舞,增强信心,最终将期望变为现实。

二、“罗森塔尔效应”的产生原因

(一) 社会教育心理机制

根据罗森塔尔的分析,主要有 4 种社会教育心理机制。一是气氛,即对他人寄予高度期望从而产生了一种温暖的、关心的、情感上支持的良好氛围。二是反馈,即教师对寄予高度期望的学生,给予了更多的鼓励和赞扬。三是输入,即教师向学生表明自己对其寄予了高度期望,对学生提出的问题进行了启发性的回答,提供了极有帮助的知识材料。四是鼓励,即对寄予高度期望的学生教师总是通过各种各样的方式鼓励其朝着期待的方向发展。

其实,还有其他影响因素,如期待者的威信。期待者的威信可以给被期待者以信心,使他们更加自尊、自信、自爱、自强。一般而言,期待者的威信越高,越容易产生"罗森塔尔效应";期待者评估期待结果后,自认为实现可能性较大,且这种期待结果对自己又有意义,那么,"罗森塔尔效应"产生的可能性就大。这一效应是按照"憧憬—期待—行动—感应—接受—外化"这一机制产生的。这就是说,期待者对被期待者产生美好的憧憬,并出现具体的期待结果,还要为这种具体的期待结果付出具体的努力实践,如给予积极的评价、肯定、表扬、帮助、指导,使被期待者感受到期待者对自己的特殊关怀和鼓励,并从内心接受期待者的种种关心和帮助,以致付出相应的努力,把内在潜能激发出来,进而达到期待者所期望的结果。这一过程中任何一个环节出现差错,都会影响"罗森塔尔效应"的产生及其效果。

(二) 经典案例赏析——一道让人心灵震撼的选择题

20世纪50年代,在美国新泽西州市郊一座小镇的一所中学里,有一个由26个孩子组成的班级。他们中所有的人都有过不光彩的历史,有的吸毒,有的进过少年管教所,有一个女孩子甚至在一年之内堕过三次胎。这个班级整天乌烟瘴气,上课时,他们有些坐在桌子上,有些坐在地上,有些三五成群旁若无人地聊天。几乎没有一位老师愿意进这个教室,也几乎没有一位老师能够顺顺当当上完一节课。家长拿他们没有办法,老师和学校也几乎放弃了他们。

就在这个时候,一个叫菲拉的女老师接了这个班。开学第一天,菲拉既没有像以前的老师那样整顿纪律,给孩子们一个下马威,也没有板着面孔,给孩子们以威严。不知为什么,当菲拉走进来后,教室竟然安静了下来。也许是因为开学第一天,也许是因为换了菲拉这位年轻漂亮有朝气的新老师。菲拉笑眯眯地看着这26个孩子,给他们出了一道选择题。

有三个候选人,A笃信巫医,有两个情妇,有多年的吸烟史,嗜酒如命;B曾经两次被赶出办公室,每天要睡到中午才起床,每晚都要喝大约一公斤的白兰地,有过吸食鸦片的记录;C曾是国家的战斗英雄,一直保持素食的习惯,不吸烟,偶尔喝点酒,但也只是喝一点啤酒,年轻时从未做过违法的事。

菲拉要求孩子们从中选出一个最能造福人类的人。毋庸置疑,孩子们都选择了C。然而菲拉的答案却令人大吃一惊:"孩子们,我知道你们一定都认为C才是最能造福人类的人,然而你们错了。这三个人你们都很熟悉,他们是'二战'时期的著名人物。A是富兰克林·罗斯福,身残志坚连任四届美国总统;B是温斯顿·丘吉尔,英国历史上最著名的首相;C的名字大家也很熟悉,阿道夫·希特勒,一个夺去了几千万无辜生命的法西斯恶魔。"

孩子们都呆呆地瞅着菲拉,他们简直不敢相信自己的耳朵。"孩子们,"菲拉接着说,"你们的人生才刚刚开始,过去的荣誉和耻辱都只能代表过去,真正能代表你们一生的是你们现在和将来的所作所为。从过去的阴影中走出来,从现在开始,努力做自己一生中想做的事情,你们都将成为了不起的人才。"

孩子们默不作声,静静地思考着,他们个个都坐得直挺挺的。教室里第一次这么安静。

正是菲拉的这番话,改变了这26个孩子的命运。这些孩子长大成人后,有的在自己的岗位上取得了骄人的成绩,有的做了心理医生,有的做了法官,有的做了飞机驾驶员。值得一提的是,当年那个个头最矮也最爱捣乱的孩子罗伯特·哈里森,也已经成为华尔街最年轻的基金经理人。

三、"罗森塔尔效应"的综合认识

(一)综合认识

从心理学的角度看,"罗森塔尔效应"实质上就是一种暗含期待的教育效应。一旦一方有意识或无意识地对另一方寄予期望,另一方就会产生符合这种期望的特性与反应。教师对学生未来发展的可能性也暗含期待。这种期待使教师产生了一种包含着热爱、理解、尊重、信赖、坚信、鼓励、严格要求等在内的复杂心理体验。在这种情形下,教师的情感反映为一种独特的深情。它通过教师的眼神、容貌、噪音、手势等各种暗示方式,含蓄地、间接地对学生的心理状态产生迅速的影响,从而振作学生的精神。

按照唯物辩证法对立统一规律,"罗森塔尔效应"具有二重性。一方面,作为"正效应"的激励理论,它在一定程度上反映了人类行为和心理活动的共同规律,具有科学性的一面;另一方面,由于某些时候教师嫌恶学生导致他们情感上痛苦、精神上有压力、智力衰退,产生了"负效应"。再则,教师寄予了期望的学生,往往是个别的或部分的。重视了一部分学生而忽视了另一部分学生,不利于全体学生的发展。

（二）经典案例赏析——三毛与"鸭蛋"

三毛是大家非常熟悉、喜欢的女作家。她与撒哈拉沙漠的故事,她与大胡子荷西的爱情,都是那么令人感动。而她的自杀,也令许多人为其惋惜,为其伤心。可以说,三毛的死是一场悲剧,虽然这场悲剧是在瞬间发生的,但其自杀的想法却早在其少年时期就已发端。

三毛早在13岁时就曾自杀过。三毛自幼性情孤僻,感情脆弱,读初中二年级时数学成绩很差。数学老师平时对三毛十分冷淡,有一天三毛做不出习题,老师便把她叫到面前,当着全班同学的面说:"我们班有一个同学最喜欢'鸭蛋',今天我请她吃两个。"说着就用蘸墨汁的毛笔在三毛眼睛周围画了两个圈,然后让三毛转过身去让全班同学看。少年三毛根本就不知道如何保护自己,便顺从地转过身,全班同学顿时哄堂大笑。老师等大家笑够后便让三毛找个角落一直站到下课。下课后,老师又罚她从有众多学生的走廊和操场绕一周再回到教室。许多学生看了三毛这副模样都尖叫起来。三毛在学校受到莫大的精神刺激和侮辱,回家后并未告诉父母,自己也没有掉泪。直到三天后才显现出这件事的后遗症:三毛早上去学校,在走廊看到自己班的教室时立刻昏倒了。后来,她一想到去学校,便会立刻昏倒失去知觉。从此,三毛患上了严重的心理疾病——自闭症,再也不肯去学校,害怕接触外面的世界,害怕所有的人,她把自己封闭起来长达7年之久。

三毛的自杀与老师的教育不一定有直接的关系。但是,讽刺、挖苦,这样的惩罚教育不仅起不到教育的效果,而且会挫伤学生幼小的心灵,给学生的自尊心带来伤害,使学生或变得胆小拘束或产生较强的逆反情绪和心理,"破罐子破摔",甚至还会引发学生显性的心理和行为障碍。

如果仅仅是设计一门面授课程,那么,课程讲义就足够了。如果要设计一门网络课程或微信课程,那么,培训者还需要进一步地对课程讲义进行加工和完善,将课程讲义转化为课程脚本。

二、课程脚本

课程脚本在本书中是指在网络课程或微信课程制作前,为便于课程拍摄与制作,课程建设者依据课程讲义编写的程序。网络课程的脚本是网络课程拍摄的依据。一个好的课程脚本就是一门优秀的网络课程的基础,透过它,人们基本可以预见网络课程的质量。

脚本撰写过程,是再次梳理和细化教学设计的过程。脚本撰写过程对拍摄过程中的教师语言、媒体运用与效果等进行了充分的预设和细化。这种充分的预设和细化,降低了课程拍摄的工作量,提高了后期的编辑加工效率。开发者在撰写脚本时,实际上已经进入了模拟的录制状态,对录制过程中要说的话、屏幕中要呈现的效果进行了充分的预设和细化。

为了提高脚本撰写的质量,也为了交流的方便,一般应设计一个脚本撰写模板。当然,由于网络课程拍摄方式多样(如外部视频工具拍摄、电脑屏幕录制、平板屏幕录制、可汗学院模式),针对不同的拍摄方式,应该有不同的脚本撰写模板。有学者以基于 PPT 播放的屏幕录制方式制作的网络课程为例,设计了如表10-1所示的网络课程设计脚本模板。①

表 10-1　网络课程设计脚本模板

章节名称			视频名称	
教学环节 1				
序号	界面呈现	媒体效果	音频旁白	字幕呈现
1				
2				
教学环节 2				
序号	界面呈现	媒体效果	音频旁白	字幕呈现
1				
2				

上述课程讲义可以改造成如表10-2所示的一个简单的网络课程拍摄脚本。

① 刘丹丹,章飞.微课程脚本设计的意义与要求[J].江苏第二师范学院学报(自然科学),2015(6).

表 10-2　"班主任工作中心理学效应的应用技巧"(第一单元)网络课程拍摄脚本

教学环节	呈现媒介	内容	备注
一、"罗森塔尔效应"的起源	图片	1.0　P1"罗森塔尔效应"的起源.jpg	
（一）一则神话故事	图片	1.1　P3 一则神话故事.jpg	3张
	音频	1.2　古希腊有一则美丽的神话故事。塞浦路斯的国王皮格马利翁是一位有名的雕塑家。他用象牙精心地雕塑了一位优雅、美丽的"少女"。他深深爱上了这位"少女"，并给它取名盖拉蒂……国王皮格马利翁惊呆了，一句话也说不出来。雕像成了他的妻子，他称他的妻子为伽拉忒亚.mp3	
	文字	这种期待、这种真诚的作用真的如此巨大吗	
（二）一个有趣的实验	图片	1.3　P4 一个有趣的实验.jpg	4张
	音频	1963 年，美国心理学家罗森塔尔和助手福德进行了一个著名的白鼠实验。他们把一群白鼠随机分成 A 组和 B 组，告诉 A 组的学生实验者他们这一组的白鼠非常聪明，告诉 B 组的学生实验者他们这一组的白鼠智力一般。几个月后，罗森塔尔和助手福德对这两组的白鼠进行穿越迷宫测试，发现 A 组的白鼠竟然真的比 B 组的白鼠聪明，能够先穿越迷宫并找到食物……1968 年，罗森塔尔和助手福德来到一所小学，他们从一至六年级中各选 3 个班的学生进行了一次"未来发展趋势测验"(即智力测验)。当所有的测验卷被收上来后，罗森塔尔随机从各班抽取了几张测验卷，并煞有介事地以赞赏的口吻将一份"最有发展前途者"的名单交给了校长和相关教师，叮嘱他们务必要保密，以免影响实验结果的准确性。其实，他撒了一个"权威性谎言"，因为名单上的学生根本就是随机挑选出来的。但是，8 个月后，奇迹出现了，凡是出现在名单上的学生，个个成绩都有了较大的进步，而且性格更为开朗，求知欲望更强，敢于发表意见，与教师的关系也特别融洽。几年后，这些学生变得更加优秀.mp3	
	文字	结论与发现：　教师受到了实验者的暗示，对这些学生寄予期望，并且通过态度、表情和行为将这种期望传递给学生，使之受到鼓舞，增强信心，最终将期望变为现实	

（续表）

教学环节	呈现媒介	内容	备注
二、"罗森塔尔效应"的产生原因	图片	2.0　P1"罗森塔尔效应"的产生原因.jpg	
（一）社会教育心理机制	视频	2.1　V1 4 种社会教育心理机制.mp4	
	文字	4 种社会教育心理机制：一是气氛，二是反馈，三是输入，四是鼓励 其他影响因素，如期待者的威信	
（二）经典案例赏析——一道让人心灵震撼的选择题	图片	2.2　P4 经典案例赏析——一道让人心灵震撼的选择题.jpg	4 张
	音频	20 世纪 50 年代，在美国新泽西州市郊一座小镇的一所中学里，有一个由 26 个孩子组成的班级……值得一提的是，当年那个个头最矮也最爱捣乱的孩子罗伯特·哈里森，也已经成为华尔街最年轻的基金经理人.mp3	
	文字	从经典案例中你得到了怎样的启示	
三、"罗森塔尔效应"的综合认识	图片	3.0　P1"罗森塔尔效应"的综合认识.jpg	
	视频	3.1　"罗森塔尔效应"实质上就是一种暗含期待的教育效应.mp4	
	文字	"罗森塔尔效应"的实质： 一种暗含期待的教育效应。一旦一方有意识或无意识地对另一方寄予期望，另一方就会产生符合这种期望的特性与反应 "罗森塔尔效应"具有二重性： 一方面，作为"正效应"的激励理论；另一方面，由于某些时候教师嫌恶学生导致他们情感上痛苦、精神上有压力、智力衰退，产生了"负效应"	
	图片	3.2　P3 经典案例赏析——三毛与"鸭蛋".jpg	3 张
	音频	3.3　三毛与"鸭蛋" 三毛是大家非常熟悉、喜欢的女作家。她与撒哈拉沙漠的故事，她与大胡子荷西的爱情，都是那么令人感动。而她的自杀，也令许多人为其惋惜，为其伤心。可以说，三毛的死是一场悲剧，虽然这场悲剧是在瞬间发生的，但其自杀的想法却早在其少年时期就已发端……甚至还会引发学生显性的心理和行为障碍.mp3	
	文字	你是怎样认识"罗森塔尔效应"的	

互动 2

请结合第六章培训课程制作的"六线模型",说说上述脚本案例涉及"六线模型"中的哪些方面?

_____

_____

_____

_____

_____

第二节

利用 PPT 2013 制作微视频

┌ **案例** ┐

　　王老师的课程脚本很快写出来了,然而,他又遇到了新的问题。王老师准备了如此丰富的内容,如果去影棚录制,效果当然理想,可是,现实情况是财力有限,去影棚录制无法实现。当王老师将这个困惑说给指导者听时,指导者建议她先制作一个低成本的视频课程。

　　王老师的困惑其实是广大课程建设者的普遍困惑——怎样制作一个低成本的视频课程。影棚、校外专业的课程团队有其巨大的技术优势,但是费用不菲,一般而言,不适合没有财力支持的广大课程建设者,因此,利用一些基础的课程制作软件来制作课程是当务之急。

　　从案例来看,王老师这门课程中的很多内容可以利用 PPT 2013 的录屏软件制作成微视频。

一、微视频设计的"一个中心五个方面"

　　培训者在设计微视频时,要把握"一个中心五个方面"。

　　"一个中心"即以学习者为中心。一是在视听传播的设计上,要用学员的眼睛看画面,用学员的耳朵听声音;二是在教学思路的设计上,要根据学员的思路展开教学;三是在心理感受上,要有面对面辅导的亲切自然感。

　　"五个方面"。第一,主题要精巧,要考虑 10 分钟内能做什么,是否能够完整地讲解一个流程、一个技能、一个案例。第二,内容要合理,即内容要适当、正确,无科学性错误;内容要精炼,即内容要精炼、紧凑、逻辑清晰,避免不相关的内容;内容要联系实际,内容只有联系工作实际,才能更好地促进教学目标的实现。第三,实施要灵活,最关键的一点就是能够关注个体的差异,满足学习者的个性化需求。培训者要考虑学习者的生理、心理特点以及他们的认知水平,兼顾不同学生的兴趣和需求。第四,目标要明确。培训者可以用书面文字告诉学习者学习目标,也可以用口头语言告诉学习者学习目标,还可以虽然没有明确地说出学习目标,但是教学目标清晰,引导学习者有指向地利用微课程进行学习。第五,策略要多样且有创意。一是情境化,将知识点讲解贯穿于情境之中,以提升课件吸引力;二是问题化,在设问和释问的过程中激发学习者的动机和欲望,激发学习者的主动性和积极性;三是案例化,将知识点的讲解贯穿于真实案例之中。

二、用 PPT 2013 制作微视频的步骤

第一步,依据教学设计制作一个精美的 PPT 演示文稿。

第二步,打开制作好的 PPT 文稿,在菜单栏找到"幻灯片放映"按钮并单击。

第三步,点击带有红点的"录制幻灯片演示"按钮。

第四步,在弹出的对话框中勾选"幻灯片和动画计时""旁白、墨迹和激光笔"选项。

第五步,按顺序播放并解读幻灯片内容,直至片尾。

第六步,幻灯片放映完毕,点击菜单栏的文件,在下拉菜单中找到"导出"按钮并单击。

第七步,选择"创建视频"选项,待时间显示条完全变白,微视频制作便完成了。

┌ **实践操作** ┐

回到本节开头的案例,我们以王老师第一单元第一节的内容为例,说明如何用 PPT 2013 制作一个微视频,如图 10-1 至图 10-6 所示。

图 10-1　第一步,依据教学设计制作一个精美的 PPT 演示文稿

图 10 - 2　第二步,打开制作好的 PPT 文稿,在菜单栏找到"幻灯片放映"按钮并单击

图 10 - 3　第三步,点击带有红点的"录制幻灯片演示"按钮

图 10 - 4　第四步,在弹出的对话框中勾选"幻灯片和动画计时""旁白、墨迹和激光笔"选项

第五步,按顺序播放并解读幻灯片内容,直至片尾,图略。

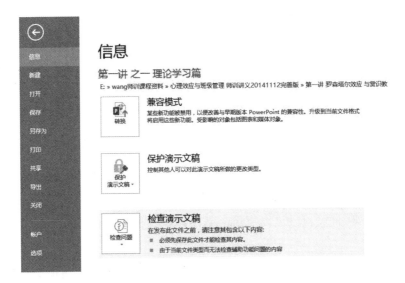

图 10-5 第六步,幻灯片放映完毕,点击菜单栏的文件,在下拉菜单中找到"导出"按钮并单击

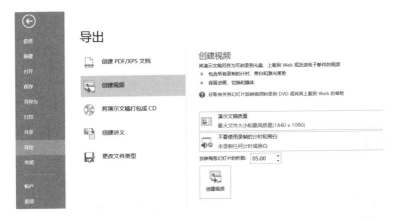

图 10-6 第七步,选择"创建视频"选项,待时间显示条完全变白,微视频制作便完成了

「**互动 3**」

在教育教学过程中,您是否有关于微视频制作的独到的经验想要分享给其他教师,请尝试将这些经验写出来。

1. 您在教育教学过程中独到的经验有哪些?

2. 您最想将这些独到的经验分享给哪一类教师(专家教师、成熟教师、见习教师)?

3. 通过分享您独到的经验,您希望其他教师知道什么?

4. 请将您独到的经验制作成一个精美的 PPT 演示文稿。

5. 请尝试利用 PPT 2013 制作一个微视频。

三、其他制作微视频的方法

我们也可以利用手机或其他工具制作微视频。

(一) 利用手机制作微视频

利用手机制作微视频,既要有一个相对安静的环境,又要准备相关器材,如手机、笔、支架、直尺、耳机、麦克风。基本环境和相关器材准备好后,就可以制作了!

第一步,固定支架,将手机安放在支架上,调整好位置使手机镜头对准桌面。

第二步,根据手机录制的范围,在桌面上画定位框。

第三步,准备就绪,开始录制。

第四步,录制完成后,对视频进行后期修改。

录制时要注意 3 点:(1)头不能过低,以免遮挡镜头;(2)书写时不能超出定位框,以免画面移出镜头;(3)去掉手上的装饰物,以减少无关因素的干扰。

(二) 利用在线网站制作微视频

利用在线网站制作微视频也是一种不错的选择。但是,绝大多数的在线网站都是要收费的。本书简单介绍两种在线网站。

1. 利用优芽互动电影网站制作微视频

打开优芽互动电影网页(http://movie-nin.yoya.com/),注册登录后,进入首页,点击"我的优芽"按钮,新建一个互动电影。可以选择空白创建,可以选择剧本创建,还可以选择 PPT 创建。

我们选择空白创建。空白创建界面上有场景、角色、动作、插入、道具、试题等选项。在左侧,可以新建一个场景,可以添加片头,还可以添加片尾。

我们先单击新建一个场景,再添加一个自己喜欢的人物角色,拖动鼠标调整人物位置,拖动角上的 4 个点调整人物大小。添加了自己喜欢的人物角色后,我们还可以给人物角色设计一些动作,如让它说话、走路。

我们可以插入文本、声音和形状等,使它可以播放和发布,还可以添加片头和片尾。这样，一个完整的微视频作品就做好了。

2. 利用皮影客网站制作微视频

打开皮影客网页(http://pro.piyingke.com/)，注册登录后，进入首页，点击"开始制作动画"按钮。皮影客网站制作微视频有这样几个步骤：(1)选择场景；(2)添加人物；(3)添加动作。我们可以添加字幕，还可以设计远景或近景。

我们先选择一个场景，再添加一个人物。选中人物，单击人物，点加号可以放大，点减号可以缩小，不想要可以删除。我们可以给人物设计一些动作，如让它说话。我们可以对人物说的话进行录音和保存，并添加字幕。付费之后，我们还可以导出视频。

第三节

利用 Camtasia Studio 7.1 完善微视频

```
案例
```

王老师利用 PPT 2013 制作好了第一节的微视频,她得意地把视频文件给指导者看。看了视频文件后,指导者给她泼了一盆冷水!

指导者:王老师,我要肯定您在很短的时间内制作好了一个微视频,但是,这个微视频还有很多问题。

王老师:我觉得很好呀,有什么问题?

指导者:首先,您的视频中使用了一段从网上下载的视频,这涉及版权问题,因此,不适合使用;其次,视频中有很多杂音,这会影响学习者的学习,分散学习者的注意力;再次,视频中有些需要重点强调的内容,没有凸显出来;最后,还有一些问题,如应该设计一个片头、在转换问题时要给学习者留出一定的思考时间。

王老师:那怎么办呢? 已经制作好的视频文件难道就要作废了吗?

指导者:不要担心,有一款比较不错的编辑软件可以解决这些问题。

王老师:快告诉我是什么软件,怎么使用!

案例中王老师制作的这个微视频,还有很多可以改进的地方。初次制作微视频的人员利用 Camtasia Studio 7.1 软件的编辑功能,完全可以解决这些问题。

一、Camtasia Studio 7.1 软件的录屏功能

Camtasia Studio 7.1 是美国公司出品的屏幕录像和编辑套装软件。该软件具有强大的屏幕录像、视频剪辑编辑、视频菜单制作、视频剧场和视频播放等功能。用户可以方便地进行屏幕操作的录制和配音、视频的剪辑和过场动画、说明字幕和水印添加、视频封面和菜单制作、视频压缩和播放。

启动 Camtasia Studio 7.1 软件进入屏幕录制界面。选择录制区域,可以全

屏录制，也可以自定义区域录制。设置好之后，点"rec"键开始录制，想要停止录制，可以随时按键盘上方的"F10"键。停止录制后，为文件起一个名称并保存起来，这时进入 Camtasia Studio 7.1 软件的编辑界面。我们可以对视频进行剪辑、合并，并将文件拖入时间轴进行调整。调整好之后点击"分享"按钮，生成视频格式的文件。

二、Camtasia Studio 7.1 软件的其他功能

（一）添加片头

打开 Camtasia Studio 7.1 软件，点击资源库，选择背景；拖动准备好的图片到时间轴的一个轨道；点击资源库，选择准备好的音乐素材；拖动音乐素材到时间轴的另一个轨道；添加制作好的视频，拖动到时间轴；点击生成视频；选择视频尺寸，点击"下一步"按钮，输入视频名称，点击完成。

（二）消除杂音

打开 Camtasia Studio 7.1 软件，选择"导入媒体"，导入一个音频素材；把这个音频素材拖动到音频轨道上；点击"任务列表"中的"音频增强"按钮，或在"显示情节串连图板"中选择带小喇叭的"＋"按钮，弹出"音频增强"界面，在这个界面中我们可以控制动态范围、消除噪音。展开"向我显示更多的音频选项"，我们可以使用更多音频功能。适时戴上耳机进行试听辨别，我们可以听到不同的音频效果。未进行消除噪音处理的音频素材颜色是蓝色的，此时听者试听声音会感觉有噪音；听者点击"消除噪音"按钮进行消除噪音处理后，会发现音频素材颜色已经从蓝色变成红色，此时听者试听的声音效果是消除噪音后的声音效果。如果觉得不好听，听者可以选择"还原噪音"，恢复原来的声音效果，还可以展开"向我显示更多的音频"选项，设置更多的选项，以改变声音效果。

（三）添加音乐和字幕

找到自己需要的音乐和字幕并复制、粘贴在 Camtasia Studio 7.1 软件的"captions"框中；选择"sync captions"，按照听到的节奏自定义音乐和字幕同步；导入音频文件，将音乐文件拖入时间轴，也就是轨道；回到字幕，选择"sync captions"后弹出一个对话框，也就是说，在制作时我们可以暂停一下，调整时间。要将一句歌词与音乐对应起来，只要单击一下这句歌词的首字即可；做完之后，可以看到歌词与时间一一对应起来了。最后可以对音乐进行各种编辑；可以对

字幕进行各种调节,如调节颜色、背景色。做好后,可以导出并分享。

⌐ **互动 4** ⌐

在教育教学过程中,您有哪些独到的经验想要分享给其他教师,请尝试按照下列步骤完成一段视频的修改工作。

1. 请尝试给自己的视频添加或修改开头。

2. 请尝试给自己的视频添加背景音乐。

3. 请尝试给自己的视频添加字幕。

4. 请尝试给自己的视频消除杂音。

⌐ **互动 1 参考答案** ⌐

B、E。

互联网使人们的生活方式与学习方式发生了变化。基于互联网的教师培训课程,如网络课程、微信课程、手机 App 课程,越来越成为教师培训课程的主导样态。

后　记

妙,不可言

妙不可言!

我微闭双眼,面带微笑,双手交叉,轻轻地支着下巴,以一种沉醉与享受的姿态来表达我从完成这本著作中获得的学习与成长的快乐。

我也曾完成过几本著作,现在回想起来,这几本著作的写作过程,都有点像"累人的马拉松",让人不愿回味。

这本书的写作经历了两个阶段。第一个阶段就像"累人的马拉松"。

我和我的研究团队(上海市师资培训中心研发部的杨兰博士、郭婧博士、英配昌博士、杨洁博士、苏娇老师、丁莉老师、陈鹏老师,徐汇区教育学院的贾彦春老师、衣兰老师)在长期的教师培训课程研究与实践的基础上,从教师培训课程特点与开发流程、历史发展、主题确定、目标撰写、内容设计、活动设计、评价设计、课程制作、课程管理与维护九个方面进行了总结与提炼。每两周,我们研究团队都会一起交流写作进展情况与遇到的问题,团队成员既富有智慧又非常投入,进展比较顺利。虽然每个人都有成长与收获,但我们写得很累,我们在写作过程中始终兴奋不起来。

初稿写完了,全部汇聚到我这里。每一章都有闪光点,但我确信,这不是我心目中想要的书的样子。我心目中的"它"到底是什么样子的呢? 我也说不清楚。

我仔细阅读了全部书稿后,把它们暂时搁置起来。

我开始疯狂地阅读培训课程设计的相关书籍,直到在 60 多本书中遇到了《好课程是设计出来的》这本书,我才知道了我心目中想要的书的样子。我对这本书的作者金才兵老师和陈敬老师心生佩服,认真研读他们的著作,仔细思考如何把他们的一些观点与做法应用到教师培训课程设计中来。这本书又促使我重新回过头去"结识"美国培训大师鲍勃・派克先生和他的相关著作,"结识"芭芭拉・明托和《金字塔原理》……

由此,本书的写作进入第二个阶段,就是"妙不可言"阶段。

我脑洞大开,以读者为中心,以激发读者积极阅读与学习本书的兴趣为原则,注重与读者的互动,精心选择读者最感兴趣的内容,大刀阔斧地对原来的初稿进行删减、增添、再组织,删去了原来的"课程管理与维护"一章,拿掉了很多缠缠绕绕的正确的废话,摒弃了大段的拓展资源以及创编得不够生动的案例,增添了大量的互动体验活动,放大了培训课程内容的选择与组织、教学活动流程的设计的比例。

虽然每删去一处,我的内心就充满了对初稿写作者辛苦付出的内疚。但理念必须与行为相一致,既然我们在课程设计中倡导以学员为中心,力求让学员积极参与学习,那么这本指导教师进行培训课程设计的著作,就必须真正体现以读者为中心,以读者的学与用为中心,这是我首要的信条。

遇到一本好书,遇到几位才华横溢的专家,遇到一帮志同道合的队友,妙,不可言。

此外,本书也是2017年度上海市哲学社会科学规划教育学一般项目"教师职后成长机理及培养体系研究(A1701)"及2017年度上海市教育科研市级课题"上海市教师专业发展研训一体模式和机制建设(C17016)"的研究成果之一。

再次感谢上海市师资培训中心研发部的杨兰博士在本书第五章和第六章撰写过程中所开展的专业、智慧的工作,郭婧博士在本书第七章和第八章的撰写过程中所开展的开拓性的工作,杨洁博士在本书第二章的撰写过程中所提供的大量的资料,徐汇区教育学院贾彦春老师在第四章和第十章的撰写过程中所闪现的智慧的火花,徐汇区教育学院衣兰老师在第三章的撰写过程中所开展的富有成效的工作,我本人承担了第一章和第九章的撰写工作以及全书的统稿工作。上海市师资培训中心研发部的英配昌博士倾情写了一篇近万字的严谨的序言,只因这篇序言与后来统稿后的书稿风格不够一致,我便忍痛舍弃,还有研发部的苏娇老师非常用心地写了"课程管理与维护"一章,因为与课程设计的关系不是那么密切,我也忍痛舍弃。在这里,向两位表示深深的歉意。

我也要感谢虹口区教师进修学院以师训部主任、特级教师袁晓东为首的团队给我们提供的大量的指导教师培训课程开发的实践机会,感谢虹口区教师进修学院的王红丽老师,长宁区教育学院的季晓军老师、汪泠淞老师、穆晓冬老师,嘉定区教育学院的康茹萍老师等分享的课程开发实践智慧。

最后,我要感谢上海市师资培训中心的周增为主任、赵洁慧副书记一直以来在教师培训课程研究与实践方面给予我的信任、指导与支持;感谢上海教育出版社以宁彦锋为首的编辑团队对本书稿的指导、关心以及他们在编辑出版方面的辛苦付出。谢谢你们!

书稿已完成,但实践修炼一直在路上。

陈霞
2019年2月

图书在版编目（CIP）数据

教师培训课程设计 / 陈霞编著. — 上海:上海教育
出版社, 2019.3（2023.8重印）
ISBN 978-7-5444-8895-2

Ⅰ. ①教… Ⅱ. ①陈… Ⅲ. ①教师培训－课程设计
Ⅳ. ①G451.2

中国版本图书馆CIP数据核字(2019)第033796号

责任编辑　宁彦锋　　杜金丹
封面设计　毛结平

教师培训课程设计
陈　霞　编著

出版发行　上海教育出版社有限公司
官　　网　www.seph.com.cn
地　　址　上海市闵行区号景路159弄C座
邮　　编　201101
印　　刷　昆山市亭林印刷有限责任公司
开　　本　700×1000　1/16　印张15
字　　数　245千字
版　　次　2019年3月第1版
印　　次　2023年8月第6次印刷
书　　号　ISBN 978-7-5444-8895-2/G·7372
定　　价　48.00元